空海の思想【目次】

ちくま新書

空海の思想

竹内信夫
Takeuchi Nobuo

1081

序章

空海の真実を求めて

1　空海とわたし

わたしは空海が好きだ。好きだから、その真実を知りたいと思った。そう思い始めて、すでに二十年近くの歳月が過ぎてしまった。あっという間にその二十年は過ぎた。振り返れば「光陰矢のごとし」である。

その二十年の間、わたしは空海の著作を読み続けた。空海の著作はすべて唐代の漢文で書かれている。読み下し文や、日本語訳はできるだけ見ないように心掛けた。わたしは空海の書いた文章を通じて、空海と直接に対話することを心掛けた。空海と直接に対話することができるのは、空海の書いた漢文の文章を通じてでしかない。

そこに空海の現場がある。わたしはその空海の現場に立ち続けることを心に誓った。

漢文は高校生のときに一応学習していたけれども、空海の文章はその程度の知識で手に負えるものではない。大学に入学したとき、そのときはまだ空海と出会ってはいなかったが、わたしは第二外国語として中国語を選択していた。思いのほかにそれが後になって大いに役に立った。中国語には文法というものがあってないようなものだ。漢字は位置によって動詞にもなるし名詞にもなり、ときには形容詞にもなる。漢文についても同じだ。空海の文章を読みながら、そのことをあらためて知った。中国語の基礎を学んでいたことが、わたしの空海研究の助けになった。

空海の書き残した文字列の背後に空海の思想が今も生きて脈打っているはずだ、とわたしは確信していた。だから空海の著作を読むことが、わたしの空海研究の方法になった。しかし、空海の書いた漢文の文章を読み解くことは、想像していた以上に、わたしにとって難しいことだった。最初の頃は、一文字一文字がそのつどわたしの歩みを止めた。そのつど、わたしは漢和辞典を取り出し、その漢字の成り立ちや、その漢字が表す意味を知ろうとした。

漢字は元来そのほとんどが象形文字である。それらの基礎的文字が複雑に組み合わされて漢字は出来上がっている。漢字はまた音の類似によって多様な変貌能力も持っている。漢字の一つ一つが自由自在に形態を変異させ意味を展開する能力を持っている。辞書に書かれている解説はその一部にすぎない。主要な形態や意味の片隅に、ひそかに新しい形態や意味が芽吹いていることもあるのだ。

空海の書いた文字の迷路を辿りながら、わたしが先ず教えられたのはそのようなことであった。そんなふうに空海の書いた文章の大海を、小舟で回遊しているうちに十年ほどが過ぎたころ、文字と文字が互いに照応し合いながら何かを語り始めるのがわたしの耳にも聞こえるように感じられた。空海の書いた文章の背後に、秘めやかな思考の動きが見えるようになった。

空海思想という大海の潮の流れも、わたしの記憶のなかでその輪郭を少しずつ明らかにするように思えた。何も語らなかった文字が、少しずつその身分と素性を明かし、何かを語ってくれるように思えた。そのときはほんとうにうれしかった。空海の書いた文字が、空海の思想を語り始めるのをわたしは実感した。本書はそのようにして、わたしが続けてきた空海思想の探求のごくささやかな報告書である。

わたしが本格的に空海研究を志したとき、わたしはすでに五十歳になっていた。五十歳になってまもなく、幸運なことにわたしに研究休暇の機会がめぐってきた。わたしの専門はフランス文学とフランス思想であったから、わたしの大学での講義はもっぱらその分野のものであった。こういうとき普通ならば、貴重な研究休暇を、フランス遊学に使うべきであっただろう。わたしは迷ったが、機会はこの時しかないと思って決断した。

六カ月間、高野山大学の密教文化研究所に研究員として受け入れてもらったのである。それがわたしの空海研究の本格的な船出となった。そこでわたしが目指したのは、空海という人物の人と為《な》りを知り、空海の履歴と行動を具体的に追体験することであった。本を読めばわかることだと言われるかも知れない。確かにそうかも知れない。書物から得られる情報は確かに重要だ。しかし書物から得られるのは、いわば間接情報にすぎない。例えば、空海がその身を置いた場所は、その場に我が身を置かなければ知ることはできない。いくら言葉で説明されても、その場のもつ独特の雰囲気を実感することはできない。わたしにとっては、その実感が一番欲しいものだった。

だから、空海が生涯を通じて大事に思い続けていた、空海当時の名称で言えば「高野《たかの》」という名の山中盆地に自分の身を置くことが、わたしの空海研究の第一歩でなければならなかった。

空海は二十歳になる頃から高野の地を、おそらくは何度も繰り返して、踏んでいた。四国の修行の場と並んで、高野は空海を育て、空海の思想を成長させた土壌であるとわたしは考えている。後にはそこに、空海は空海自身が言う「修禅の道場」を開き、自らの終焉の地をそこに選んだ。空海が愛しげに語る少年の日の高野との出会いは、空海の一生を決定したと言ってもよいくらいだ。その地を「法身の里」と語り、晩年にはその地にビルシャナ仏の理想世界を表象する二基の塔の建設を志したことでも、そのことは明らかだ。

その塔は「ビルシャナ法界の体と性」を表現するものであったが、その建立のために空海は敢えて朝廷の援助を求めず、多くの人々の勧進に訴えた。そのことを知ったとき、わたしは空海の真髄をつかみ取ったように感じた。

空海の故地「高野」は今は見る影もない。高野山真言宗の総本山金剛峯寺を核として、多くの宿坊寺院が並ぶ聖地だ。世界各地から訪問者や観光客の絶えない、国際的な観光地でもある。世界遺産にも登録されている。

しかしそれでも、空海のいた「高野」の面影は、現在の高野山にもごくわずかだとは言え残っている。例えば、今では「壇上伽藍」と呼ばれている区域がそれだ。そこには空海が「ビルシャナ法界体性の塔」と名付けたものを継承する二基の塔がある。今は「大塔」と「西塔」とよばれている。その中間に位置する、今は「御影堂《みえいどう》」と呼ばれている建物も、高野開創時の宿坊を継承する記念碑的建造物である。

高野町の市街地を取り囲む周辺の尾根道も、空海の記憶を今に伝えるものだ。少年のころに歩いたと空海自身が書き残している、当時は修行の道であった尾根道の多くの部分が、ほぼそのままの形で残されている。

江戸時代以降のことであろうか、女人禁制が敷かれ、その道は「弘法大師」を慕う女性たちに許された限界線とされ、その故に「女人道《にょにんみち》」と呼ばれるようになった道筋がそれだ。「女人道」は、高野の聖地を取り囲む周回の参拝道であったが、その北の部分、摩尼山《まにさん》から楊柳山《ようりゅうさん》、天竺山の「高野三山」を結び、そこから現在のバス道の停留所であり、高野山宿坊区域への入り口となっている「女人堂」を経て「岳の弁天さん」と呼ばれる高野のランドマークになっているピークに至る尾根道は、そのままにかつて空海が二十歳前後の少年期から青年期に往来した修行の道であった。空海が開いた「修禅の道場」の面影は、今なお、そのようにして現在の高野山に残っているのだ。

しかしそれ以上に注目しておきたいのは、空海が身を置いた高野の自然景観が秘めやかに今も残されているところがあるということだ。それは現在の高野山奥の院のさらに奥にある。参拝客で賑わう奥の院の背後に広がる山地まで足を踏み入れる人は今では稀であるが、その山地に分け入り、高野山の結界を限る東の峠から摩尼山の頂きに至る急峻な坂道を歩いていただきたい。その尾根道の西の眼下に見える渓谷の景観は、空海往時の面影を残している。その渓谷は、わたしにとっては空海の息吹を実感できる格別の場所である。

残念なことにその稀有の場所も何やら知れぬ開発の名の下に壊されようとしているらしい。高野の面影を今に伝えてくれる、そしてわたしにとっては空海の聖地であるその景観が壊されないことをこころから祈るばかりだ。

話を元に戻そう。わたしの研究休暇が終わろうとしている頃、高野という現場で感じ、高野山大学で学び得たことをベースにして、わたしは『空海入門——弘仁のモダニスト』という小著を一気に書き上げた。幸いにして、ちくま新書の一冊として世に問うことができた。また、予想外に多くの方に読んでいただいた。

その後大学の勤務に戻ったわたしは、校務に追われ思ったように研究を続けることはできなかった。しかしその後も、機会がある度に空海が歩いた道を求めて現地に足を運んだ。

空海は「高野」の位置を吉野から「南に向かって一日、西に向かって二日」の行程であると書き残している。その記録に従って、奈良県の吉野から南に向かって山上ヶ岳に延びる大峰の修験《しゆげん》の道を辿り、その途中にある大天井ヶ岳から西に向かって「高野」へと延びる道を、ときには一人で、ときには同じ目的を持つ同志の友人とともに、わたしは何度も歩いてみた。要するに、わたしは空海の道を追い求め続けたのだ。

その行程をほぼ再現できるところまで辿りついた頃には、わたしにも大学の定年が間近に迫っていた。退職した後、わたしは大学教師に通例の再就職の誘いを断って、故郷の四国に戻った。空海研究に没頭するためであった。

それと並行してわたしは「町石道を歩こう会」という名の空海追慕のための行事を計画した。「町石道」は「ちょういしみち」と読む。鎌倉時代に整備された高野山への参拝の道である。その道に沿って一町ごとに石の五輪を載せた道標が立てられていることから

「町石道」と呼ばれるようになった。

全長約百八十町(約二二キロメートル)のその道は、二〇〇四年にユネスコの世界遺産『紀伊山地の霊場と参詣道』の構成資産として登録されている。「町石道を歩こう会」はその「町石道」を年に一度、十二月十七日に歩くというのが趣旨である。毎年三十人ほどの人が参加してくれている。それはさておき、なぜ十二月十七日という寒い時に登るのか? それには空海の高野開創にまつわる深いわけがある。

空海が高野開創のために、「高野《たかの》」の地の下賜を朝廷に願い出たのは弘仁七年(八一六)であるが、弟子たちを現地に派遣して「高野開創」事業を始めたのは翌年の弘仁八年のことであった。そして空海自身が、「高野」の地に入ったのは、さらにその翌年の冬、弘仁九年(八一八)十一月十六日であった。西暦に置き換えれば十二月十七日にあたる。深いわけ、とはそれだけのことだ。

それだけのことだが、それを調べるのにはかなり苦労した。空海の文集には『性霊集』とは別に『高野雑筆集』というものがある。多くの空海書簡が採録されているので、空海の動静を探るのには不可欠の文献である。高野開創に関係する書簡も、予想外に多く載せられている。それらの書簡のなかに「貧道為黙念去月十六日来住此峯」と書かれた一通があった。読み下せば「貧道、黙念せんがために、去月二十六日にこの峯に来住せり」となろう。別の書簡で空海が「去月」と書いているのが十一月であることも判明した。その結果、空海の高野入山の日が十一月十六日であろうと推定できたのである。

「町石道を歩こう会」は、そういうわけで、空海の高野入山を記念して、その足跡をたどる行事なのである。わたしにとっては、空海研究の初心を思い起こすための装置ともなっている。

しかし、わたしの空海研究の最終目標は、空海の経歴や事績の確認ではなく、空海を突き動かしていた思いを知ることである。つまり、空海の思想を知ることである。空海の思想は、空海の著作の文字に托されて、現在まで伝えられている。先にも書いたが、空海の著作はすべて漢文で書かれている。

空海は日本人であるから、日本では少なくとも当時の日本語で会話したであろうが、著作は一つの例外もなくすべて、漢文という外国語で書かれている。外国語であったが、当時の日本の知識人は、空海に限らず、書くときは常に漢文を用いた。それが日常であったので、当人たちは外国語だというふうには思っていなかっただろう。

しかも空海の文章は、中国の古典や漢訳仏教経典の豊かな知識を踏まえて書かれている。だから、現代の日本人にはいっそうのこと難しく感じられる。漢字の文字面は確かに難しいのだが、実はそんなに難しいことを言っているのではない、ということがわたしには少しずつわかってきた。空海がその著作に用いた漢文は、唐代の中国知識人が著作に用いていたものと基本的に同じである。現在の視点から見れば古典漢文とでも呼ぶべき言語である。古典漢文で書かれた漢籍は、空海に限らず、つい最近まで日本の知識人の思考の汲めども尽きぬ豊かな源泉であった。残念ながら今ではその源泉は見捨てられ、涸れようとしている。

かく言うわたし自身も、漢文とは縁遠い生活を送ってきた。空海がいなければ、空海の文章と出会わなければ、わたしはそのことに気付きもしなかっただろう。空海の思想を知るためには、繰り返すが、空海の書いた漢文しか手掛かりはないのだ。外国語であるなら、学習すれば何とかなる。読まなければならないものが漢文で書かれているなら、漢文を学習すればよい。腹を決めてわたしは空海の漢文に向かい合うことにした。

2 立ちはだかる難関

しかし、それでもわたしの眼前には越えがたい二つの難関が立ちはだかっていた。その一つは、空海の著作はどこにあるのか、という問題である。空海は光仁天皇の宝亀五年

（七七四）に生まれた。日本歴史の常用語を用いれば奈良時代の人である。仁明天皇の承和二年（八三五）、つまり、平安時代の初期に亡くなっている。現在から数えれば、ほぼ千二百年前の人だ。はるかに遠い人だ。

その人の著作は、幾世代にもわたる写本でしか現在まで伝えられていない。空海自身が書いた正真正銘の真筆は、ごくわずかしか実は残されていない。空海の真筆だとされる『聾瞽《ろうこ》指帰《しいき》』も、わたしにはとても空海真筆だとは考えられない。多くの写本が残されているのは事実だが、その大部分は古くても平安時代末期のものだ。空海の生きていた時代からみれば四百年近くの隔たりがある。その間に繰り返された何回、何十回の写本をそのままのかたちで、空海の著作だとみなしてよいのか？　写本の際の誤字は措くとしても、それらの写本そのものの検討をしないで、ずっと後世の写本をそのまま空海研究の基盤としてよいのだろうか？　一歩も先に進めない状況のなかでわたしは立ちすくむしかなかった。

この第一の難関は、幸いなことに、すぐにも乗り越えることができた。

わたしが空海研究を志した頃、新しい空海著作集が刊行されたのである。高野山大学密教文化研究所が長年の古写本調査に基づいて編集した『定本弘法大師全集』全十巻である（以下『定本全集』と略称する）。それは、現存する古写本のほぼすべてを渉猟し、比較検討し、もっとも信頼に値する、できる限り古い写本を底本とし、その他の主な写本の異文も詳細に記録した、本格的かつ学問的な評価に値する初めての空海著作集である。

空海研究の確固たる基礎が築かれたのだとわたしは思った。この偉業に参与されたすべての方々にわたしは先ず敬意を表しておきたい。この『定本全集』がなければ、空海その人を対象とする新しい空海研究もあり得ず、わたしが本書を書くこともできなかったであろう。

研究休暇の地に選んだ高野山大学密教文化研究所で、わたしは初めて『定本全集』の存在を教えられた。教えてくださったのは空海研究における恩師、武内孝善先生である。先生は『定本全集』の編集にも積極的に関与し、それを主導されていた。その武内先生から『定本全集』の完結を教えられたのだが、教えられたばかりではない。その『定本全集』の全十巻を贈与して下さった。『定本全集』を手元に置き、その紙面を覆い尽くす難しい漢文の文字列を追うことから、わたしの空海研究は始まったのである。

そこには空海が書いた文字が、幾世代にもわたる写本転写の成果として、今や活字本のかたちで、わたしの目の前にあった。これこそが、唯一、空海の真実へとわたしを導いてくれるものであるとわたしは確信した。

付け加えておくが、『定本全集』の本文がそのままで、空海の書いた著作を再現しているというのではない。あくまでも後世の写本の活字版である。本文そのものの批判的検討は不可欠である。実際にも、わたしは本書の各章でその必要性を指摘している。『定本全集』の本文は、それを読む者、あるいは研究資料として用いる者に慎重な校訂の作業を要求しているのである。

『定本全集』の効用は、写本の探索と解読という研究者にとっては実にしんどい作業を取り払ってくれた、ということだ。それだけでもどれほどありがたいことであろうか。いずれにしろ、空海研究は大きな難関を越えて、新しいステージに入ったということだ。『定本全集』が提供してくれるテクストから、空海研究を始めることができるということだ。写本のテクストをどう読むか、新しいステージに移った空海研究は、空海研究者にそのことを求めているのである。

現在の日本の読書界には、多くの空海本が提供されている。旧態依然たる「弘法大師」イメージを反復再生するだけのものから、確たる根拠のない着想や、既存の書物の焼き直しに過ぎないものまで、毎年少なくとも数冊の新しい空海本が書店に並ぶという状況が続いている。それらの空海本は、わたしに言わせれば、失礼ながら娯楽の範疇に属するものであって、空海研究の著作とはまったく異質のものである。

それらの出版物とは別に、空海研究者の研究書もかなり多く出版されている。本書は、それらの研究書をほとんど参照していないし、参考にもしていない。傲慢なように思われるかもしれないが、参照するに値しないというわけではない。歴代の優れた学僧たちが積み上げてきた空海の著作研究をわたしが参照しないのにはわけがある。

そのわけとは、それらの研究が、空海の著作の本文批判を行っていないということである。実際にも、伝承された本文には空海ではない後世の人物の書き込みが多く混入している。具体的な例は、本書の第二章以下で詳しく論じるので今は省略する。

3 「弘法大師」は空海か？

もう一つの難関は、写本の問題と関連するものの、それとは別次元のやっかいな問題である。空海は「弘法大師」として多くの日本人に認知されている。しかし、その「弘法大師」は、わたしに言わせれば空海とはまったく異なる人物である。

事情は複雑なのだが、ごく簡単に言えば、「弘法大師」として知られている人物は、空海その人ではなく、架空の人物であるということだ。「弘法大師」は、空海という実在の人物をモデルにして、中世の日本人が作り上げた物語の主人公である、と言えばよいだろうか。わたしが「中世」と言うのは、ほぼ十世紀半ばから十六世紀半ばまでの期間である。まず確認しておきたいことは、「弘法大師」という呼称そのものである。歴史的に見れば、空海の没後八十六年、醍醐天皇の延喜二十一年（九二一）に、観賢《かんげん》という真言宗の僧の上表に応じるかたちで、朝廷から与えられた名誉称号である。その名誉称号は「諡号《しごう》」と言われる。

僧に対する諡号の最初のものは最澄の「伝教大師」であり、二番目のものは最澄の弟子である天台僧円仁の「慈覚大師」で、両者は比較的早く、貞観八年（八六六）に下賜されている。空海の「弘法大師」は歴代三番目の諡号であった。その直後、延長五年（九二七）には天台僧円珍に「智証大師」号が贈られている。名誉称号だから、「弘法大師」も、本来ならば空海その人と同じ人物を指す称号であった。

ところが、「弘法大師」はやがて空海その人から離れて、いつの間にか中世の物語の主人公になったのである。最澄＝伝教大師においても、円仁＝慈覚大師の場合にも、円珍＝智証大師においても、そのようなことは起こらなかった。「弘法大師」の場合は唯一の例外であると言ってよいだろう。

中世に作成された多くの『弘法大師絵巻』に登場する「弘法大師」は、実在の空海の上に重ねられ、それを源泉としているものの、空海とは別の人格を主人公とする中世物語の主人公だ。言い換えれば「弘法大師」は一種の英雄神話の主人公なのである。「弘法大師」物語を動かしている精神は、その物語を語る人々の精神であって、空海の精神ではない。外見は同じように見えても、魂は入れ代わっているのだ。空海の文章を読み進めているうちに、わたしはそのことに気付いた。

そうであれば当然のことながら、わたしが知りたいと思う空海は、「弘法大師」物語のなかには見つかろうはずはない。中世日本の人々の夢や野心、希望や欲望がそこには色濃く反映されている。そして、その「弘法大師」の中世的イメージに覆い隠されて、空海の真実の姿は見えにくくなっている。どうすれば「弘法大師」の幻影の彼方に、真実の空海を見つけ出せばよいのか、わたしは途方にくれた。

先にも書いたが、高野山大学で第一歩を踏み出したわたしの空海研究の最初の報告書として、わたしは『空海入門――弘仁のモダニスト』(ちくま新書、一九九七年)を世に問うた。そこでは主として「空海少年」のときの山岳斗藪《とそう》から、入唐留学、そして恵果《けいか》からの「密教」受法、帰国後の『請来目録』上進までの経緯を追い、『請来目録』の有する意味と価値をさぐり、最後に空海が同志として称えた勝道の碑文「沙門勝道歴山水瑩玄珠碑並序」の執筆までを追跡した。

わたしが主として資料としたのは、空海の文集『遍照発揮性霊集』(以後『性霊集』と略記）であった。そしてその著作においてわたしが読者に提示した空海像は中世の「弘法大師」物語とは、当然のことながら大きく異なっていた。

なぜそういうことになったのか？「弘法大師」物語を支えているものは、先ず第一に『御遺告』と総称されている文書類である。『御遺告』とは、文字通りに、空海が高野山において示寂する直前に弟子たちに示した遺言を記録したものであると信じられてきた。しかしそこには、例えば『性霊集』から窺える空海の言動とは明らかに矛盾する事柄が記載されている。中世人にとっては、それは「弘法大師」の疑うことのできない遺言であると理解された。それはそれとして一つの歴史的事実であろう。しかし、『御遺告』は、実際には、空海の遺言ではない。むしろ偽造された「弘法大師」の遺言であると言うべきであろう。そのことは、現在の空海研究においては、学問的にも確定された結論である。

『御遺告』とは別に、「弘法大師」物語を支える日本中世の学問的な空海論がある。済暹《さいせん》（一〇二五～一一一五）という学僧がいる。中世の学問的な空海研究の第一人者であり、その時代を代表する学僧である。空海の著作の編集と研究を行い、『性霊集』七巻に三巻を補足して『続遍照発揮性霊集補闕鈔』（以下『補闕鈔』と略称）の編集者としても、空海研究に大きな寄与を為した人物である。

その済暹には『大師入定勘文』と題する著作がある。「入定《にゅうじょう》」とは、文字通りには禅定つまり静座瞑想の状態に入ることを意味しているが、済暹の言う「大師入定」はそれとは異なる。ごく簡単に言えば、「弘法大師」は、高野山奥の院において永遠なる「定」に入っていると言うのだ。『大師入定勘文』は、現在まで続く高野山奥の院の「弘法大師」入定信仰を確定した理論書であると言えるだろう。済暹の著作によって中世の「弘法大師」イメージは確定されたと言ってよい。

そういう意味で『御遺告』と済暹の著作は、中世の「弘法大師」物語を完成させる二つの契機であったと見てよいであろう。先にも述べたように、そのこと自体は、一つの歴史的事実である。しかし同時に、その歴史的事実によって、空海の実像は「弘法大師」物語の背後に隠蔽されたとも言えるのである。そのことを指摘することによって、わたしは現在まで続く「弘法大師」信仰を批判したり、否認しようというのではない。信仰は心の問題である。それを学問がとやかく言うことはできない。むしろ、そのようなものとして、学問的研究がなされなければならないとわたしは考えている。

しかしそのことは同時に、「弘法大師」信仰によって、空海研究を攪乱することは許されないことを意味している。「弘法大師」信仰は、現在まで継承された日本の一つの宗教的事象である。信仰は心の問題であるが、心の問題は信仰のなかにだけあるものではない。歴史的実在の空海を対象とする空海研究は、「弘法大師」信仰とは切り離して行われるべきなのである。

ある時代を現実に生きた空海に直面し、その思想を正面から捉えようとする努力も、わたしたちの生を支え、励ましてくれるものであるはずだからだ。そして、それが中世的「弘法大師」信仰の位相を、中世の日本人の生を支えたそのものとして捉えようとする努力と相容れないものでもない。

本書は空海研究と「弘法大師」信仰を切り離して考える立場に立っている。中世の「弘法大師」信仰とは別の次元で、つまり空海その人の書いたものを書き写し、それを大切に護持してきた写本に基づいて、空海の真実を追求することが本書の目的である。

4　本書の構成

本書はそういう意味でも、前著『空海入門――弘仁のモダニスト』の続編を成すものである。前著は主として「請来目録」(『定本全集』巻一所収)と、『性霊集』(『定本全集』巻八所収)の巻一から巻五、『高野雑筆集』(『定本全集』巻七所収)を基礎的資料として用いた。それに対して、本書は、特に第一章においては同じく『性霊集』巻六から巻七に収められている空海の「願文」を根本資料として空海の「四恩」概念を探求し、その背後に空海の生命思想を探ろうとする。

第二章は空海の代表的かつ、ある意味では空海思想の核心とも見做されている『即身成仏義』を解読しながら、空海の描き出す生命世界の様態を解明しようとする。

第三章は『即身成仏義』と並び立つ理論書と評される『声字実相義』を読み解き、空海の言語哲学を解明する。『即身成仏義』も『声字実相義』も、ともに『定本全集』巻三に収録されている。

そして終章においては、『補闕鈔』巻八所載の「万灯万花会の願文」を資料として、そこに内包されている空海思想の深淵を探ることを目指している。「万灯万花会の願文」は空海最後の願文であり、「虚空尽衆生尽涅槃尽我願尽」というよく知られた一句が含まれている。従来は「虚空尽き、衆生尽き、涅槃尽きなば、我願も尽きなむ」と読み習わされてきた読みを再考する。

本書のテーマは空海の思想である。「思想」という語でわたしが考えているのは、その人物の行動を支えている根本的かつ持続的な想念である。空海は仏教思想全般を背景に置きながら、そして当時最新の「密教」なるものを前景化しつつ、空海独自の生命思想を展開している。「密教」は七世紀のインドに芽生え、すぐにも中国に伝えられた最新流行の仏教修行の方法論である。本書は「密教」を仏教思想そのものの革新と捉える立場をとらない。くわしくは後に述べるが、「密教」とは新しい思想ではなく、仏教修行の新しい方法である。空海思想というものがあるとするならば、それは「密教」のなかにあるのではない、というのがわたしの言いたいことだ。

空海思想というものがあるとすれば、それは『秘密曼荼羅十住心論』(『定本全集』巻二所収、以下『十住心論』と略す)や『秘蔵宝鑰《ひぞうほうやく》』(『定本全集』巻三所収)で示される人間精神の前進的展開を背景にして、人間精神をそのように前進させる根源的エネルギーの在り様を見定めようとするところに求めなければならない。仏教全体を視野に収めつつ、仏教思想を進化させてきたものは何かを空海は探ろうとする。十住心を通じて心の有り様の低きから高きに向かおうとする根源的な精神のエネルギーの運動を空海は探ろうとする。そしてその運動を自分自身の生き方として表現する。

しかし、『十住心論』や『秘蔵宝鑰』を著作する前に、空海は留学先の長安において、人間精神の働きを担う究極の主体を不空金剛《ふくうこんごう》の著作『菩提心論』のなかに既に見出していた。それを不空金剛は「菩提心」と名付けていた。「菩提心」とは、人間精神を仏教的理想に向かって推進させる精神のエネルギーである。その「菩提心」はすべての「いのち」あるものに分有されている。「いのち」は生きて活動するわれわれ一人一人が、生きている限りにおいて生涯のあいだ、担い続けるものである。人間だけではなく、この世に生きているあらゆる生命体がそれを担い続けている。

そのことに気付くか気付かないか、その小さな違いがすべてを決める。同じ一つの「いのち」を分有する生き物たち、人類だけではなく、すべての「いのち」あるものが、互いに競い合い、互いに助け合っている世界を認識し、その生命世界のなかに自らを置き直すところに、「菩提心」は目覚める。

「菩提心」は生まれる前から、そして死んだ後までもわたしたちが担い続けるものである、と空海ならば言うであろう。輪廻転生する「いのち」のひとかけらとして、人は今ここにある「いのち」を生きている。今生《こんじょう》の「いのち」を授かる前にあなたは何であったか、と問う人に対して空海は、わたしはあなたの妻子であったかもしれないし、あなたの父母であったかもしれない、と『三教指帰《さんごうしいき》』のなかで仮名乞児《かめいこつじ》に語らせている。

「いのち」という言葉は、本書において抽象的な生命一般を意味しているのではない。一人一人がこの世に生きているあいだ、わたしたちを支え続けている何か、わたしたちが生きていると言えることとの基底にある何かである。それを仮に「いのち」と名付けているだけだ。空海思想の中核にある「いのち」とは、二十世紀フランスの哲学者ベルクソンのいう「いのち」(フランス語では la vie という語で「生きること」を意味している)という概念に極めて近いものであるとわたしは考えている。身体という物質の塊のなかに生きて脈打っているもの、それと指し示すことはできないけれども、確かに感じられる「いのち」の実在を直視する点で、空海思想はベルクソン思想に通じるところがある、と考えている。

わたしが今、本書の序章で敢えてそのことに言及するのは、空海思想はただ日本の仏教思想の文脈のなかにのみ位置付けられるべきものではないと言いたいからだ。仏教はインドから東アジアを含む広範な地域に、それぞれの形は異なっても、広がっている。それを「普遍宗教」の範疇に収めて事足れりとすることはできない。個々人の「いのち」は、人類共通の生命活動の目に見える形として顕現しているものであって、生命一般のうえに浮かぶ泡沫のような概念ではない。一人一人が担う「いのち」こそが、ベルクソンの言うように、生命一般を担っている実在であり、その基盤なのである。

本書において、空海の「いのち」の思想は外延的にどのように組み立てられているのか。根幹に「いのちの思想」とでも呼ぶほかないものが据えられているのはもちろんだが、それは「いのち」という言葉を借りた仮の呼称である。それが何であるかは「いのち」という言葉をいくら反復しても、鮮明になることはない。それはさまざまな言葉で言い換えられながら、無限に拡散してゆく。

空海に即して言えば、空海のすべての言葉に拡散しつつ、空海の思想は常にそこに内在

していると しか言いようがない。逆に言えば、その無限に拡散する思想の言葉のあれこれを捉えて、万華鏡のように変化する「いのち」の変貌の一瞬のすがたを見定め続けるほかに方法はない。本書の各章は、そのような変化してやまない万華鏡の一瞬を捉えたスナップショットに過ぎないのである。

本書の構成を簡略に図式化して示せば、次頁に示す図のようになるだろう。「空海思想の構造と展開」と題した図である。下から上に向かって展開されてゆく空海思想の運動を、いくつかのキーワードの発現として図式化したものである。

一番下には、空海思想の根源であり、豊かな源泉でもある「菩薩仏教」が置かれている。「菩薩仏教」という概念については、この後すぐに必要最小限の解説を加えているので、ここではこの「菩薩仏教」という名称を覚えておいて頂ければ十分である。この菩薩仏教との出会いがなければ、空海という思想家は生まれることはなかっただろう。空海の伝記に置き直せば、『聾瞽指帰』において表明されている仏教との出会い、あるいはもう少し具体的に言えば空海の言う「我が師釈尊」との出会いが、すべての始まりであった。

その菩薩仏教の生成と展開は、空海の一大著作である『十住心論』において仔細かつ厳密に展開されている。『十住心論』は、膨大な漢訳仏教経典を基礎資料とし、そこから多くの典拠を選び出しながら、菩薩仏教の展開を十種の心の有り様として展開した著作であ

空海思想の構造と展開

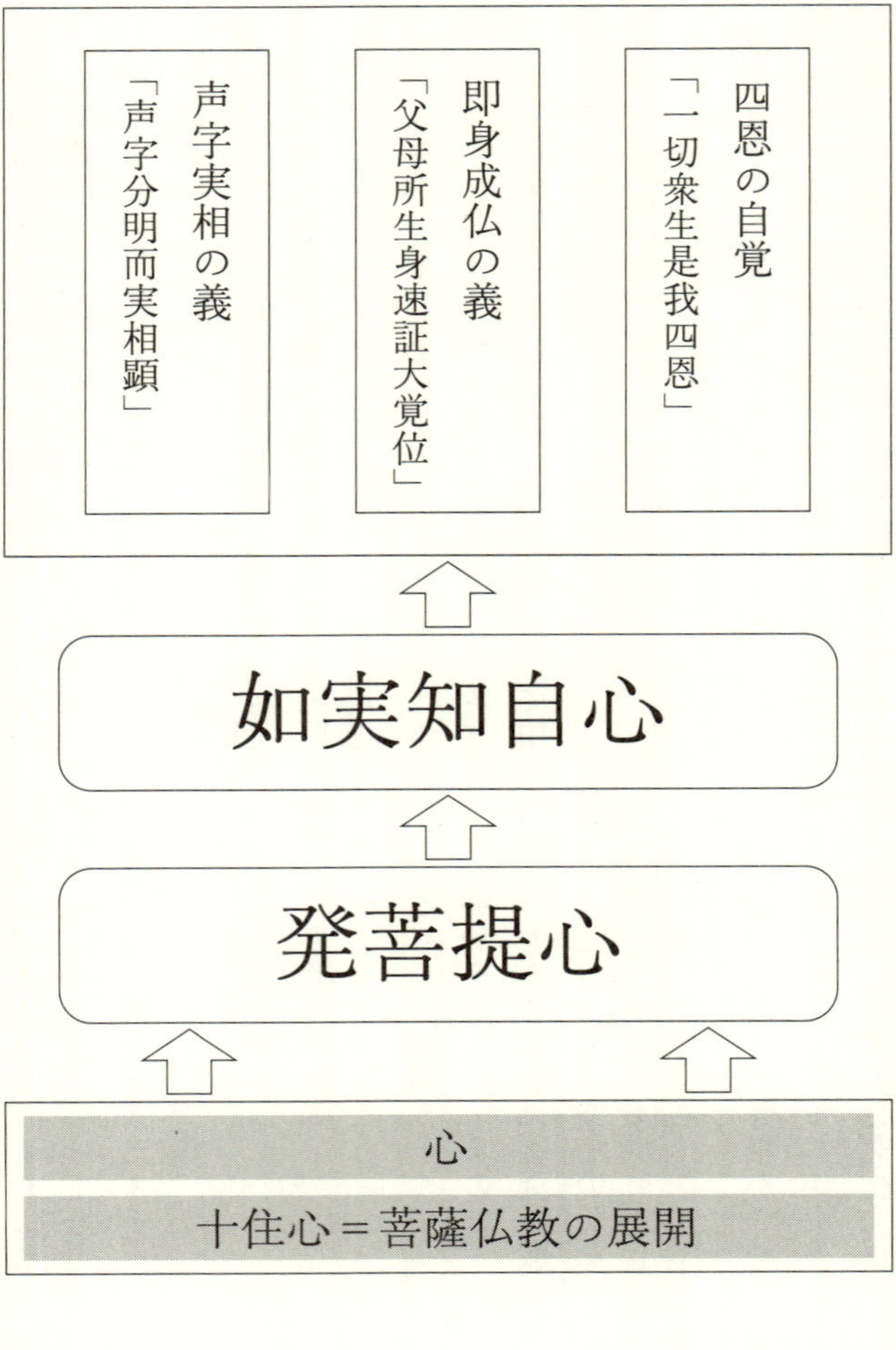
四恩の自覚
「一切衆生是我四恩」
即身成仏の義
「父母所生身速証大覚位」
声字実相の義
「声字分明而実相顕」
如実知自心
発菩提心
心
十住心＝菩薩仏教の展開

る。主眼となるのは菩薩仏教の進化の運動であるから、そこに歴史的配慮が窺えるのは当然であるが、空海の意図は菩薩仏教の歴史的展開ではなく、むしろ理念的展開であった。『十住心論』の類書とされるものに『秘蔵宝鑰』があるが、著作の目的は大きく異なっている。『十住心論』が菩薩仏教の理念的展開を経典や論書の記述の進展として陳述するのに対して、『秘蔵宝鑰』は菩薩仏教の理念を、空海の言葉で語りなおしたものである。「十住心」そのものの構成は両著作において変わりがないけれども、目的はかなり異なる。それを一言で言えば『秘蔵宝鑰』は空海思想の説法書であると言えばよいだろうか。空海の眼前に生きている人々のこころの有り様、それを空海は「秘蔵の宝」と呼び、その宝を開く鍵（「鑰」字は閉じられたものを開く鍵を意味する）で一つ一つ開き示しているのである。だから、『秘蔵宝鑰』はもはや理論の書ではなく実践の書なのである。『十住心論』と『秘蔵宝鑰』の根本的違いはそこにある。

いずれにしろ、重要な概念は「こころ」あるいは「心《しん》」である。十の住心は、ありとあらゆる心の有り様を、仮に十に分類して記述したに過ぎないのだが、それぞれの心を釈尊の教えに向かわせること、それが菩薩仏教の主人公である菩薩（菩提薩埵＝ボーディ・サットヴァの略称）の為すべき務めである。当然のことながら、それが空海の務めでもある。さまざまの住心を釈尊に向かわせるもの、それが「菩提心《ボーディ・チッタ》」である。菩薩仏教の運動は、その菩提心を呼び覚ますこと、つまり「発菩提心」から始まる。どのような住心であれ、菩提心に導かれている限り、いつかはブッダの境地に達することができる。それが菩薩仏教の掲げる大いなる約束であった。

しかし、菩提心を発するには、何よりもまず自分のこころが何であるかを反省的に捉えておかなければならない。つまり、「如実に自心を知る」ことが不可欠である。あるがままの自分の心の有り様を知ることから、菩提心の運動は具体的な前進運動となり、一人の人間の歩みとなることができる。

以上が図式の下から上へと上昇する矢印で示された運動である。その運動は、自分の心に向かう内省の運動である。しかし、その内省の運動の向かう先には、もう一つの目標が見えてくる。「成仏」という目標、ブッダになるという目標が見えている。自心へと内省的に回帰した精神の歩みは、そこから現実世界に向かって動き始める。さまざまな事柄が今までの相貌を変え、無意味であったと思われていたことが輝かしい光を発するようになり、今までは命よりも大事だと思いこんでいたことは忽ちに消え失せる泡沫に過ぎないように思われる。いのちの風景の転換が、それぞれの心において実現する。

その価値転換、あるいは精神の風景の転換は多様な様相を呈するだろう。そのこころの転換の指標となるものをいくつか拾いだせば、図式の最上段にある「四恩」の自覚になり、あるいは「即身成仏」の成就となり、あるいは「声字実相」の認識に至ることになる。しかし、それらの成果はあくまでも、そこに起きた「成仏」という大いなるこころの大転換から発せられるものの、わずかに一つの側面でしかない。そこに起きている大事件は、『即身成仏義』が語る「父母所生の身において大覚位を証す」ということなのであり、『声字実相義』が語る「声字分明にして実相顕れる」ということでしかない。大切なのは、それらの出発点、一人の人間としてのわたしに起きた「発菩提心」という、精神の目覚めという、目に見ることはできない秘めやかなこころの向き直りなのである。

5　「菩薩仏教」および「密教」について

中央アジアから東アジアに伝播した仏教は、通常、「大乗仏教」と呼ばれている。「大乗」というのは、それ以前の仏教の在り方を「小乗」として貶め、自らを高みに据える新興の仏教集団の側からの一方的な呼称である。釈尊の教えを金科玉条とし、僧院での修行に専念する、言うなれば内向的な仏教に飽きたらず、僧院の外に出て釈尊の説いた「衆生救済」を目標とする新しい仏教が、キリスト紀元の始まる頃にインドに登場する。

後に「キリスト教」と呼ばれるようになるその新宗教が仏教史の転換に何らかのかたちで関与していると思われるが、その詳細は不明である。いずれにしろ、その新規に勃興した新仏教の担い手たちは自らを「菩提薩埵《ぼだいさつた》」（略して菩薩）と称した。サンスクリットでは「ボーディ・サットヴァ」(bodhi-sattva) である。

菩薩たちが先に見た「菩提心」を原動力としていることは、その名称からも明らかであろう。菩薩たちは自分たちの信条を「マハー・ヤーナ」(mahā-yāna)、すなわち「大いなる乗り物」と宣伝する一方で、従来の僧院仏教を「ヒーナ・ヤーナ」(hīna-yāna)、すなわち「小さな乗り物」と呼んで蔑視した。

要するに「小乗」は、「大乗」の側からの一方的な蔑称である。「小乗」という表現は、例えば初期大乗経典の『法華経』（「方便品」）に出ている。この一方的な呼称は、そろそろ捨ててもいいのではないか。そう思ってわたしは、従来「大乗仏教」と呼ばれてきたものを、「菩薩仏教」と呼ぶことにした。

「菩薩」はサンスクリットでは「ボーディ・サットヴァ」で、当初は「菩提薩埵」と漢字音訳されていた。そこに含まれる「ボーディ」が本来意味していることも「菩提心」を説明するところで述べた通りだ。菩提心を動力源とする「菩薩」たちの唱導する仏教をすべて、わたしは「菩薩仏教」の範疇に収めることにする。

「密教」と言われているものは、仏教史の観点から言えば、わたしの言う「菩薩仏教」の最後の様態である。インド仏教展開の終末期、六世紀から七世紀頃に、「真言」つまり「マントラ」(mantra)の読誦を修行の中核に据える、ある意味で極めてインド的な様相を示す仏教が勃興する。

その頃、アラビア半島には新しいイスラム教が台頭していた。そのイスラムの勢力がインドの文明を脅かしていた。「マントラ」は、その文明の危機を乗り越えるために、インド精神が古い伝統のなかから汲み取った精神的な力の源泉であった。

それがインドの仏教僧によって唐の帝都にもたらされ、長安と洛陽近辺でにわかに流行するようになる。その最新流行の仏教修行の様態は、それ以前の菩薩仏教を指す「顕教」に対して、自らを「密教」と呼んで区別した。「顕教」に対する「密教」という構図が内包する差異は理念に関係するものでなく、方法にのみ関係するものである、というのがわたしの考えである。

要約しておこう。「密教」とは菩薩仏教の、歴史的には最終段階に位置づけられる、そして空海当時においては最新流行の方法である。その方法の特徴は「マントラ」読誦を修行の中核に据えたところにある。

そのような「密教」の根本経典であり、思想的にも形態的にも整備された経典は、言わずと知れた『大日経』である。因みに『大日経』は略称で、正式の経典名は『大毘盧遮那成仏神変加持経』であるが、本書では『大日経』の略称を使う。ビルシャナ仏が中尊の位置を占めていることは、『華厳経』と深い関係があることを示している。特に空海思想においては、両者の関係は明瞭に意識されている。今はその事実だけを指摘しておきたい。

その『大日経』冒頭に置かれている「入真言門住心品」と題される章は、「密教」的菩薩仏教の理念を知る上ではもっとも重要な文献資料である。そのタイトルにあるとおり、「真言の門に入るための心の有り様を説く章」である。タイトルの中に見える「真言」と「住心」という語が、「密教」の核心を指し示している。「密教」の独自性は、「真言」と「住心」にあるということだ。当然のことながら、空海思想の独自性もそこに置かれている。

『大日経』巻一の冒頭に、「三句の法文」と呼ばれている一文がある。「菩提心を因と為し、悲を根本と為し、方便を究竟と為す」という三句から成る短い文だ。「菩提心を因と為し、悲を根本と為し」までは、菩薩仏教の理念を踏襲している。

それに加えられた第三句「方便を究竟と為す」、それこそが「密教」を「顕教」から区別する指標である。「方便」とは、菩薩仏教の理念を今このとき、この場で実践するための方法である。菩薩仏教の「顕」と「密」の違いはその点にあることはすでに述べた通りだ。わたしのその主張は『大日経』のこの三句を根拠としている。

しかし、その「三句の法文」のすべてが「密教」固有のものであるのではない。第一の「菩提心」も第二の「慈悲」も、菩薩仏教の歴史を貫通する基本理念である。

先にも説明した通り、「菩提」とは「目覚め」であるから、「菩提心」とは目覚める心、目覚めに向き直る心、の謂いである。仏教は、そのような心の在り様（それを「住心」という）の大転換を「目覚め《ボーディ》」と名付ける。「目覚め」とは、わが身を養うことを主眼とする生命活動、生物であればどんな生物も行っているその生命活動、こう言ってよければ利己的な生命活動を踏み越えて、いのちの連続性に向き直る決断を意味している。わが身が宇宙に遍在するとされる生命世界の一員であることを自覚し、そして何よりも、その生命世界に支えられているという認識へと向き直ることを含意している。

「悲」とは何か？　「悲」という漢字は、現代日本語では「悲しさ」を意味しているが、ここではそういう意味ではない。「悲」とは慈悲を意味している。他者への慈しみ、共感を「悲」という。「悲」はサンスクリットの「カルナー」(karuṇā) の漢訳語だ。『大日経』の言う「悲を根本とする」とは、だから、他者への大いなる同情が菩薩に求められる第二の要諦であるということだ。菩薩が衆生に向かい合うとき、その菩薩の心底にあるべき心構えは、その「悲」であると『大日経』は説いている。それは「密教」が菩薩仏教の伝統をしっかり踏まえていることを示している。

最後の一句、「方便を究竟と為す」とはどういうことか？　「方便」はサンスクリットの「ウパーヤ」(upāya) の訳語であろう。「ウパーヤ」とは、目標に向かって前進すること、そしてその目標に到達することを意味している。目標に向かう道程、すなわち方法を意味している。

『大日経』の「三句の法文」は、「衆生」の救済を目標とする菩薩に対して、「菩提心」を揺るぎなく自覚すること、すべてのいのちに深い慈悲を以て臨むことに加えて、その目標に向けての不断の工夫と努力を続けることを要請している。

その任務を担うことができる精神と身体を養うためには訓練が必要だ。マントラの読誦は、菩薩に求められる強靭な心身を鍛練する方法である。空海が「虚空蔵求聞持」の法によって獲得したものは、菩薩行を遂行するためのその強靭な心身であった。それは『大日経』の説く「方便」を空海が実践したということを意味している。

そのように考えてくれれば、「密教」の拠って立つ思想的基盤は菩薩仏教の理念であり、空海の拠って立つ思想もまた菩薩仏教の理念であると言えるだろう。「密教」は、思想ではなく方法に関する教えであるのだから、「密教」を思想と勘違いしては、空海の思想そのものを捉え損なう。空海思想を支えているのは「密教」ではなく、菩薩仏教である。それに真言、つまり梵語のままで唱えられるべきマントラの方法が加わっている。それだけのことであるが、それは空海が「虚空蔵求聞持法」の二度にわたる体験を通じて獲得したものであった。空海はそこに新しい時代の菩薩の有り様を身を以て体験したのである。

現在の日本仏教は多くの宗派に分かれている。それは桓武朝廷の最末年に桓武天皇自身の決断によって「天台宗」が認可されたことに淵源する。同じ菩薩仏教であるはずのものが「宗」の名によって限りなく分断される構造は、元来一つであるはずの菩薩仏教の枝葉ばかりを強調し、その根本を見失なわせる。本書の終章でも指摘することだが、空海は仏教は一つであると繰り返し主張している。「宗」の名で分断され、時には敵対してきた日本仏教の中世以後の歴史はわたしの目から見れば無残である。日本仏教が宗派的分断状態を克服して、もう一度空海の主張するような「一覚」に立ち戻って欲しい。

本書でわたしは空海の思想を語ろうとしている。しかし、誤解しないでいただきたい。わたしは、真言宗の宗祖である空海を語るのではない。だから、他の宗派との差異を語るのでもない。その根底にある菩薩仏教の偉大な実践者としての空海をわたしは語りたいと思う。真言宗という一宗派の視点から見ている限り、空海思想は宗派仏教の力学によって攪乱され、他宗派と異なる点ばかりが喧伝される。その攪乱のなかに埋没して空海思想の真実の姿は見えなくなる。

空海思想を支えているのは同じ一つの菩薩仏教である。方法は異なっても、菩薩仏教の目指すものは同じ一つのことであるはずなのだ。空海を「真言宗」という宗派のなかに閉じこめていては、空海の思想は見えてこない。多くの高校教科書にほぼ例外なく書かれている空海は、何よりも先に「真言宗」の開祖である。しかし、「真言宗」なる宗派の狭い視野からは、真実の空海を見ることはできない。

空海の処女作『三教指帰』のなかで、空海は「我師は釈尊」と高らかに宣言している。わたしは空海の真実をその視点において見続けるつもりだ。『十住心論』や『秘蔵宝鑰』で展開する空海の「住心」の理論を、天台智顗《ちぎ》流の教相判釈《きょうそうはんじゃく》の一種だと思い違いをしないでおきたい。それはすべての人の歩むべき道程を仮に十段階で示した、「住心」の概念図なのである。宗派の衣で覆われた空海は、真実の空海ではない。

わたしが本書を通じて読者に伝えたいのは、「真言宗の宗祖」としての空海ではない。釈尊の弟子としての、あるいは菩薩仏教の偉大なる実践者としての空海である。

第一章 空海の願文——「一切衆生、皆これ我が四恩なり」

1　空海の願文、その歴史的位相

空海の願文、と聞いて意外に思われるかもしれない。「弘法大師」が願文を書いている場面など、中世の「弘法大師」物語にはどこにも書かれてはいない。超人的な奇蹟を次から次へと演出することはあっても、「弘法大師」は願文を書かない。しかし、「弘法大師」ならぬ空海は多くの願文を書いている。

その代表的なものが『性霊集』巻六と巻七に収録されている。この両巻は内容からすれば「空海願文集」とでも名付けるべきものであろう。具体的には、巻六に九篇（本文を欠くものが一篇あるので実質的には八篇）、巻七には十二篇が収められている。本文を欠く一篇を除外しても、総数二十篇を数える。

少なくとも一年に一篇を超えるペースで、自らの生を終える直前まで空海は願文を制作し続けていたことになる。願文は何らかの仏教的法会のために書かれるものである。だから、願文と同じ数の法会を空海は営んだということにもなる。

しかし空海の願文に注目するのは、空海の宗教的パフォーマンスの経歴を追うためではない。わたしが空海の願文に着目するのは、そこに空海の生命思想が繰り返し鮮明に表明されているからだ。「空海の生命思想」という言葉で言おうとしているのは、空海が「いのち」というものをどのように理解していたかということである。

本章で取り上げる空海の願文は二篇である。二十篇のうちのわずかに二篇である。わたしは二十篇を総覧し、その主要な側面を取り出し、空海願文の表層に現れる特徴とか傾向を解説して済ますこともできた。しかし、それでは上面《うわつら》を遠くから展望することはできても、それらの文字に托されているはずの空海の思いを聞き出すことはできない。そうではなく、空海が願文に書きつける文字の一つ一つを凝視し、それらの文字が語る声を聞き、それらの文字が内包する空海の思いを、わたしは読者とともに見届けたいと思う。空海の願文を外面的に解説するのでなく、その内面に広がる空海の思考の動きを読者とともに感じ取りたいと思う。空海の書く文字を追いながら、それらの文字に托された空海の思いを、わたしの言葉を使ってわかりやすく読者に伝えたいと思う。

空海の願文は漢文で書かれている。しかも、中国古典や漢訳仏典を典拠とする語が随所にちりばめられている。空海の時代の知識人ならいざ知らず、現在のわたしたちから見れば空海の文章は中国古典漢語という古い時代の外国語で書かれた文章である。どうしても単語の説明や文意の翻訳を介して、現在の日本語空間に転換しなければならない。それは注釈と呼ばれている作業である。煩瑣で忍耐のいる作業であることは確かで、読者から見れば無味乾燥で退屈なものかもしれない。本章では、できる限り読みやすくするために、原文はすべて章末に示し、本文中では原文のいわゆる「読み下し文」をベースにしたい。それに加えて、現代日本語の翻訳文を添えることにする。

そのうえで、特定の難読語句などは本文中に埋めこんで解説したい。空海の用いる古典からの引用、仏教の専門用語は、それぞれの願文でいつも同じ意味で使われてはいない。願文の文意に即して、それにふさわしい側面に光をあてて空海はそれらの語を用いているからだ。

次に、本章で取りあげる二篇の願文を簡単に紹介しておきたい。一つは、空海が唐から帰国後、大宰府滞在中に大宰府の副官を務めていた人物のために草した一篇、もう一つは平安京での空海の活動の転機になる頃、友人であり詩人でもあった笠仲守《かさのなかもり》という人物のために草した願文である。この後、前者を「田氏願文」、後者を「仲守願文」と略称する。

この二篇を選んだ理由は、それぞれの願文を紹介する折にくわしく述べることにする。両者には共通する一つの理由があるのだが、今はその共通点だけを紹介しておきたい。それは、この二つの願文はともに、空海の人生の大きな転機に書かれたということだ。

「田氏願文」は、空海が二十年の留学期間を実質一年で切り上げて帰国した翌年、大同二年（八〇七）二月十一日に、大宰府の少弐（副官）を務めていた田中氏某《なにがし》のために書いた願文である。空海の帰国はその前年の大同元年（八〇六）十月以前であったから、「田氏願文」が書かれたのは、帰国後半年足らずの時期に当たっている。

帰国後すぐに、空海は帰国報告の上表文とともに留学の成果を示す『請来目録』を書きあげ上進したものの、桓武天皇を継承した平城天皇は空海の上京を許さなかった。空海の手元には、大宰府滞在を命じる勅書が届けられただけだった。空海の落胆は大きかっただろう。しかし、空海のその後の動静を伝える史料はない。結果的には、空海の履歴書には三年ほどの空白期間が生じることになった。

ただ一つ、『性霊集』に載せられた「田氏願文」だけが現在まで伝えられている。しかも、「田氏願文」は知られている限り、空海が制作した最初の願文である。その意味では注目すべき資料であるだろう。

しかし、わたしが注目したいのは、帰国後すぐの早い時期に空海が願文を書いていたという事実である。空海はそのとき三十四歳である。処女作『聾瞽指帰』の執筆が二十四歳のときであるから、そのわずかに十年後ということである。

第二の「仲守願文」が書かれたのは、それからさらに十年後の、弘仁六年（八一五）十月十五日である。今から千二百年も前のことなのに、こんな風に年だけではなく月日まで正確にわかることを不審に思う読者も多いかと思う。しかし、そのわけは簡単で、空海の願文には必ず年月日が記載されているからである。

しかし、この年が空海の転機であるというのには、多少の説明が必要であろう。この年は、先ず何よりも空海と最澄の訣別が鮮明になった年である。空海が嵯峨天皇の勅許を得て平安京に戻ってきたのは、嵯峨天皇の初年、大同四年（八〇九）七月のこととされている。上京を許されたのはよいとしても、空海が見る平安京は決して平安なものではなかった。嵯峨天皇の時代になっていたとは言え平城上皇との確執は収まらず、特に平城上皇が平城旧都への遷都を命じることで、事態は軍事的対決に及ぶ内乱の状況を呈していた。空海が入京後に見た平安京の、それが実情であった。平安京が文字通り平安な都に戻ったのは弘仁二年（八一一）以後のことだった。

それからの数年間、より正確に言えば三年間、空海は最澄の協力を得て、新しく招来した「密教」によって日本仏教を革新しようと努力する。「密教」とは後にも述べるが真言をインドの古典語サンスクリットの音で唱えることを眼目とする。だからサンスクリットの初歩的学習は「密教」の修法には不可欠の要件であった。そのサンスクリット学習を最澄が拒否したところで、両者の関係は終わる。最澄の下を去り、空海の下で「密教」の学習と修行に励んでいた泰範をめぐる問題が、両者の訣別の理由だとされるが、それは理由ではなく単なる一つの結果でしかない。

それはともかく、空海の日本仏教革新の計画は破綻し、空海と最澄はそれぞれ別の道を歩み始める。「仲守願文」は、まさにその転換点に当たる弘仁六年（八一五）、くわしく言えばその年の十月十五日の日付を持っている。その翌年、弘仁七年（八一六）の夏の終わる六月十九日、空海は高野山寺開創の大事業に着手している。「仲守願文」は、空海の履歴のなかでもっとも重要な転換点に位置しているのである。

2　空海の願文、その様式

空海願文には一つの定まった様式がある。空海の書いたほぼすべての願文は、その定型の様式のなかに収められている。逆に言えば、その様式が空海の願文を規定するものであるということだ。その様式については、後にくわしく述べることにするが、その前に片付けておかなければならない重大な問題がある。

それは、後の時代に偽造された空海の願文が数多く、空海の願文として流布しているという問題だ。この種の問題は空海研究一般についても言えることであり、本書の各章で取り上げる課題にも関係することで無視することはできない。ごく簡単に言えば『定本全集』に収録されている空海著作の本文は、そのままの形では、ほんとうに空海の書いたものとは言えない、ということである。今は空海の願文という範囲に限って、そのことを説明しておきたい。

済暹の編集した『補闕鈔』巻八にも、二十一篇の願文と願文に類する文章が収録されている。ただし、『補闕鈔』に収録されている願文には「達嚫《だつしん》」や「表白」等の名称が付されているものも多く、『性霊集』所載の願文とはかなり様子が異なる。つまり、空海願文に見られる様式を逸脱しているのである。それをどう考えるかは人によって異なるだろうが、わたしの目には何やら怪しいものを示すしるしのように思われる。現在までのわたしの研究に基づいて言えば、そこには偽書と判断できるものがかなり多く混じっている。

確実に空海の作であると認定できる願文は、二十一篇のなかでわずかに一篇だけであり、その一篇とは、『補闕鈔』の題目一覧に記載のタイトルをそのまま引用すれば「高野山萬燈會願文」である。以下、わたしはそれを「万灯万花会の願文」と呼ぶことにする。この願文は、本書の終章で取りあげるので、予め書誌的正当性をこの場を借りて述べておく。

しかし、それ以外のものがすべて偽物《にせもの》である訳でもない。しかし大半は偽物である。本物と偽物を区別する第一の指標は、繰り返して言うが、『性霊集』所載の空海願文に一貫して採用されている様式との整合性である。それに加えて、そこで用いられる語彙や文章構成なども参考になる。語彙については煩瑣な議論になるので省略するが、文章構成について重要な一点だけを指摘しておきたい。

空海願文は、すべて厳密な対句構成によって組み立てられているということだ。この規範を破る空海の願文は『性霊集』には見当たらない。この対句構成は、願文に限らず空海の文章の基本的規範であると言ってよい。多くは漢字四字あるいは六字を単位として対句が構成されるが、そのなかに詩文的香りを発する五字あるいは七字から成る対句が組みこまれる。その文型は空海の文章を貫く大原則であって、その文型が大きく破綻している文章は、まずは空海の書いたものではないと判断してよい。

もちろん、例外的なケースはある。特にサンスクリット原文を音訳する漢字音訳語は、サンスクリットの音節数に依存するもので、先に述べた空海の漢文規範の例外となる。しかし、およそ漢文である限り、その基本的文型はまず破られることがない。

もう一つ例外となるのは個人的書簡だ。そこには和製漢文が混じり、その結果空海の文章の規範である対句構成が破られる場合がある。『風信帖』に見られる「擬随命躋攀彼嶺、限以少願不能東西」の一文がその事例である。以上、空海の文章の特長を確認した。このことは本書の全般にわたる凡例に近いものだが、それはわたしの文章規範ではなく、空海の文章規範であるから、本文中で解説した。

文章構成の様式とは別に、空海願文にはもう一つ、確固たる枠組みがある。願文を構成する文章を所定の段落のなかに収めるという枠組みである。その枠組みが例外なくすべての願文に用いられている。空海願文に即して具体的に言えば、明瞭に区別される四段から成る段落構成である。その四段構成の形式は、『性霊集』巻六、巻七に収載されている二十篇の願文すべてに見られる。

詳細は後に具体的に示すが、今は予備的な作業として、まずその四段構成の各段に名前を付けておきたい。第一段は「表白」、第二段は「趣意」、第三段は「供養」、第四段は「廻向」である。これらの名称は、わたしが本書執筆にあたって、仮説的に設定するものであるが、今後空海願文の研究が進めば、それらの名称は然るべく修正されてよい。というより、然るべく修正されることをわたし自身願っている。

第一段落の「表白」は、願文冒頭に書かれている仏教礼賛の文章である。菩薩仏教を讃嘆する荘厳な言葉が綴られるのであるが、その都度その場に相応《ふさわ》しい文言が使われて、この種の文書に在りがちな定型の同じ文言が繰り返されることはない。しかし、表層の文言は華麗に姿を変えているとしても、底流している趣旨はほぼ全編を通じて変わらない。つまり、広大無辺な菩薩仏教の称讃である。

第二段落の「趣意」は、当該願文の制作の機縁となった法会の願主たる人物を紹介したり、あるいは当該願文を奉じる法会において祈願が手向けられる人物（多くの場合、願主の「先考《せんこう》」であり「先妣《せんぴ》」である）を賞賛する言葉が綴られる。ちなみに、「先考」とは今は亡き父を、「先妣」とは今は亡き母を指す呼称である。そして願主自身は、ほとんどの場合、空海の個人的な知人あるいは友人である。それゆえに、願主の紹介も極めて具体的で、ここでも通り一遍のものは一つもない。願主と空海との友誼の実態を窺わせてくれるものが多く、空海願文の見どころの一つである。

第三段落の「供養」では、当該法要の祈願が向けられる仏菩薩などの尊格の名称と、その尊格に奉納される善事業、つまり写経や奉納物の内容が具体的に表明される。そこには菩薩仏教の菩薩であり、「密教」指導者としての阿闍梨である空海の専門的知識や、空海の考える菩薩仏教のあるべき姿などが紹介される。特に法会の功徳が奉げられるべき尊格の選択は、空海の見ている仏教世界の有り様をつぶさにわたしたちに伝えてくれる点において、空海研究の貴重な情報源ともなるであろう。

最後の「廻向」段では、当該法会の善事業によって得られる功徳を、空海が「四恩」と呼ぶ、生命世界全体への奉謝に転じ、次いで一切衆生とともに一なる仏教世界に悟入せんことが表明される。「廻向」段では、前段の「趣意」と「供養」の主体であった願主を踏み越えて、法要を主導する空海自身が前面に出てくる。内容的には、冒頭の「表白」の菩薩仏教の礼賛に対応する結びの段落であるが、「表白」に見られるような仏教礼賛の辞ではなく、「廻向」段では「四恩」への感謝と、唯一無二のブッダの光明世界への勧誘が語られる。「四恩」については、後で詳しく論じるので、今はこの「四恩」という言葉をしっかり覚えておいて頂きたい。

この「廻向」段にこそ、空海の生命思想の核心的要素が潜んでいる、とわたしは考えている。「四恩」とは、空海の生命思想の核心を表明する言葉である。だから、空海願文を内容的に特徴付けているのは、この「廻向」段にあると言っても過言ではない。

しかも、空海願文の「廻向」段の文意は常に同じである。その点で、先の三つの段落が多様性を見せているのに対して、「廻向」段における「四恩」への感謝は、内容的には単調である。しかしこの単調さこそ、空海思想の不動の原点の有りどころを指し示すものとなっている。「廻向」段において、空海の思想が、「いのち」の輝きを放ちながらビルシャナ仏の光明世界に燦然と放出されるのである。

空海の願文には、菩薩仏教を担う一人の菩薩として「衆生」に向き合う空海の姿勢がよく表れている。弟子に向かう阿闍梨としての空海ではない、菩薩としての空海、言い換えれば自己の精神的鍛練によって得られる精神的エネルギーを転じて、衆生救済という菩薩仏教の理想を実現しようとする空海の意思が直接に表現されている。その核心にあるのは、繰り返すことになるが、生きとし生けるものに対する感謝であり、共感である。空海はそれを「四恩」という言葉で表現する。本章はだから、空海願文に見られる「四恩」の解明ということにもなるだろう。

3　空海はなぜ願文を書くのか？

空海の願文には空海独自の様式がある、と先に書いた。そしてこの様式はすべての空海願文に共通するものであり、空海の最初の願文、つまりこの後すぐに読むことになる「田氏願文」にも見られる。驚くべきことだが、空海は唐から帰国した時点ですでに願文の形式を確定しているのである。

空海の願文は唐様式を継承するものであろう。空海の願文の原型がどこにあるか、今のところ「唐様式」という曖昧な推測以上に、その在りどころはわたしにはわからない。しかし、空海が願文を重視したことは疑いを容れない事実である。願文はプロの僧侶集団のために書かれるものではない。少なくとも空海の願文はそうではない。そのような空海の姿勢はどこに由来するのであろうか?

わたしはその起源を空海二十歳前後の発心、つまり仏教への目覚めの時点に求めたいと思う。具体的には『聾瞽指帰』のなかで、自身を投影した仮名乞児が「吾師は釈尊」と宣言した時点に求めたい。空海と言っても、まだそのときに空海は空海になってはいない。「佐伯真魚《さえきのまお》」という名の青年、あるいは自戒僧として何らかの僧名を名乗っていたかも知れない無名の青年に過ぎない。

しかし、真魚《まお》が釈尊の弟子になることを二十四歳になるよりも前にはっきりと決断し、表明していることは確かなことである。その決意が文字に書かれたのが延暦十六年(七九七)十二月一日、佐伯真魚二十四歳のときのことであった。

『聾瞽指帰』は儒教・道教・仏教の優劣を論じる比較宗教の著作であるという人がいる。そのように見て見えないことはない、とわたしも思う。しかし、それでは、将来空海となる青年、佐伯真魚の真意を捉えたことにならないのではないか、とわたしは言いたい。真魚は学者になろうとしているのではない。学僧になろうとしているのでもない。自分の知識や見識を見せびらかそうとして『聾瞽指帰』を書いたのではない、と当の真魚自身がその序文ではっきりと表明している。仏教に帰依し、釈尊に師事し、菩薩仏教の実践者としての道を歩む若き修行者としての、来るべき空海がそこには既に姿を見せている。

『聾瞽指帰』の再編版として『三教指帰』があることもよく知られている。『聾瞽指帰』が延暦十六年（七九七）に書かれたことはまず確かなことであるとするならば、その後に序文と巻末の頌を根本的に書き改めた『三教指帰』はいつ書かれたのであろうか？　この問いに対する学問的解答は、未だ与えられておらず、従って千二百年後の現在でも未解決の謎として残されたままだ。

その謎の根本は、『三教指帰』序文にも、『聾瞽指帰』の序文と同じ「延暦十六年十二月一日」の年月日が明記されていることにある。『三教指帰』が『聾瞽指帰』より後に書かれたことは疑うことのできない事実だから、『三教指帰』に『聾瞽指帰』と同じ年紀を書き込んだのには、真魚の側に何らかの意図があったからに違いない。

一番わかりやすい説明は『聾瞽指帰』を廃棄して、『三教指帰』をその決定版として置き換えたという解釈であろう。新しい序文が旧序文と異なるのは、旧序文が張文成の『遊仙窟』を若き日の空海が「散労の書」と批判する点に重点が置かれているのに対して、『三教指帰』序文が「虚空蔵求聞持法」の成就を語る文面に置き換えられた点にある。内容的には大きな変更であるが、今はそのことに深入りしない。ただ、『三教指帰』が『聾瞽指帰』より後に書かれたのならば、『三教指帰』序文は、延暦十六年より後に書かれたことになる、ということに注目しておきたい。つまり、空海の「虚空蔵求聞持法」の成就は、延暦十六年以降のことになる。

『聾瞽指帰』は、「仮名乞児《かめいこつじ》」こと若き日の空海が山岳斗藪に身を投じていることを教えてくれるが、本文には「密教」に関する記述は特に見られない。そこからわたしが仮説として引き出したいと思うのは、空海の「密教」との出会いが延暦十六年以降のことであったということだ。空海がある僧から教示されたという「虚空蔵聞持の法」は、明らかに「密教」的な修法である。

その修法を説く経典は『虚空蔵《こくうぞう》菩薩《ぼさつ》能満《のうまん》諸願《しょがん》最勝《さいしょう》心《しん》陀羅尼《だらに》求聞持法《ぐもんじほう》』という長たらしいタイトルを持つ、実際にはごく短い「儀軌」経典である。「儀軌」とは密教修法のマニュアル本を総称する専門用語だ。中国名で善無畏（インド名はシュバカラ・シンハ）と呼ばれるインド僧が、唐の開元五年（七一七）に漢訳している。

『三教指帰』序文の文面から判断するかぎり、空海はその「儀軌」経典を直接読んだのではなく、先輩の僧から修法の手続き（虚空蔵菩薩の真言を百万遍唱えること）とその効能だけを聞いた可能性が高い、とわたしは考えている。と言うのも、その長たらしい名の「儀軌」の本文とは、修行の手順も効能の説明もかなり異なっているからだ。

それはさておき、空海は「阿波国の大瀧嶽」と「土佐国の室戸崎」で、都合二回、その求聞持法を実修している。当然ながら、この死を賭《と》した苦行に近い修法を、休みなく続けて二回行うことはできない。「大瀧嶽」の方が終わった後、十分な体力回復を待っての室戸崎の二回目の挑戦であっただろう。百日間休みなく続けなければならない苦行であるから、二回目の求聞持法の修行が終わるまでには、それ相当の時間がかかったはずだ。

もしわたしが仮定するように、求聞持法の伝授が『聾瞽指帰』執筆の延暦十六年十二月以後のことであるとするならば、その成就が『三教指帰』序文に記載されるまでには、相当の年月の隔たりがなければならない。最短で二年としても空海は二十六歳、三年であれば二十七歳、四年であれば二十八歳になっている。

空海研究者は『聾瞽指帰』執筆から入唐留学までを「空白の七年」と呼んでいるが、わたしはむしろ「充実の七年」、つまり二回にわたる「虚空蔵求聞持法」成就の七年であると考えたい。ある一人の沙門から「虚空蔵菩薩求聞持法」を伝授され、それを二回にわたって実修し、その成果を『三教指帰』序文に反映させ、正式の「密教」伝授を受けるために入唐の準備をする、空海にとってはまことに充実した七年であったに違いない。

その七年間に『聾瞽指帰』で出家の宣言をした若き日の空海は、わたしたちの知る空海に成長した。その間に、修行を支える多くの人の援助も受けたであろう。生きるということとの現実に直面し、それを直視したことであろう。自らの一身に担ういのちと、その一身を支えてくれる多くのいのちの有り難さを知ったであろう。自分を取り巻く生命世界の輝きを、そして生きるということの意味を、その間に若き日の空海は身を以て学んだのではないだろうか。

『聾瞽指帰』序文が佐伯真魚の仏教参入の意思を宣言する書であるとすれば、『三教指帰』序文が語っているのは菩薩仏教の菩薩としての空海誕生ではなかっただろうか。

かなり脱線してしまったが、話を元に戻そう。元々の話は、空海願文の源泉はどこにあるか、ということであった。その源泉をわたしは『聾瞽指帰』序文から『三教指帰』序文へと進む空海の歩みのなかに見出す。すなわち空海が釈尊の弟子となることを誓い、その誓いを「密教」的手法によって実現する足跡のなかに見出したいと思う。空海が「我が師釈尊」を宣言するということは、菩薩仏教の経典に説かれる教えを我が身において実践することを宣言することを意味していたはずだ。菩薩仏教の掲げる理念は、菩提心によって自らを鍛《きた》え、「衆生救済」という菩薩仏教の目標を実践することである。

「衆生救済」は深い仏教理念を表現する言葉であるが、使い古されているうちにその意味を失い、気休めの合言葉のようになっている。しかし、忘れてならないのは、「衆生救済」の核心にあるのは「いのち」の問題であるということだ。苦しんでいる人を助ける、悲しむ人を慰める、ただそれだけのことではない。もちろん、労苦を支援し、悲哀を慰撫することが排除されると言いたいのではない。わたしが言いたいのは、ただそこに留まるものではない、ということだ。

問題は「衆生」という語の意味するものが何であるか、というところにある。特に、空海が「衆生」と言うとき、その言葉は何を指しているのか？　その答えは、ずっと後になって書かれた『十住心論』に見出すことができる。この大著の冒頭に書かれている一句、「一切衆生皆是我四恩」、訓読すれば「一切衆生は皆これ我が四恩なり」という一文がそれだ。それは、いのちあるもののすべて、わたしはそれを生命世界と名付けておきたいと思うが、その生命世界がわたしの生命活動を支えてくれている、という認識を、仏教的に言えば「覚悟」を、表現する言葉なのだ。

この「一切衆生」が「我が四恩」として認識されるときこそ、「衆生救済」は現実の行動として動き始める。「衆生救済」とは、救済する者が救済される者に施す恩恵ではない。一切衆生によって生かされているわたしの「覚悟」から始まる一切衆生への恩返し、簡単に言えばそれが空海の「衆生救済」という崇高な理念が指し示す目標なのである。

しかし、その理念を突き動かすエネルギーは、「衆生救済」の実践者である菩薩の側にあるのではないと空海は言っているのだ。そうではない。「衆生」こそが仏教を生み出し、菩薩を生み出し、その「衆生救済」の理念を生み出したのだと空海は言う。空海に即して言えば、菩薩になろうと決心し、努力してきたわたしを支えているのは「衆生」なのだ。空海にとって「衆生」とは、ホモ・サピエンスというただ一つの生物種の集合体だけを、つまり現生人類だけを意味しているのではない。すべてのいのちあるものの全体、今風に言えば生態系という学術用語で表現されているもの、空海はそれを「衆生」と名付ける。

因みに「衆生」という漢語は、中国古典に由来する成句で、五経のひとつに数えられる『礼記』に「衆生必ず死す。死して必ず土に還る」と言われているらしい（中村元『広説佛教語大辞典』）。「衆生」という語は、元来、生まれ来て必ず死すものすべてを総称する語であったようだ。菩薩仏教においても、特に空海においては、生きとし生けるものすべてを指す語として使われる。生命世界の全体に抱かれてわたしは生きている、だから「一切衆生はこれすべて我が四恩」なのだ。

このような「衆生」概念に空海が到達したのがいつのことであったか、正確にはわからない。しかし、それが『十住心論』執筆のときよりも、ずっと前であったことは確かだ。そのことは、若き日の空海が仏教へと傾斜してゆくとき、心中にすでに芽生えていたのではなかっただろうか？　その証拠に、唐から帰国した翌年、つまり空海の外面的には「空白」であるが、内面的には「充実」の七年のわずか三年後、入唐留学を終えて帰国した大宰府で制作された願文にそのことが語られているからだ。

4　空海最初の願文を読む

空海が書いた最初の願文は『性霊集』巻七の巻末に収められている。『性霊集』巻七は現存する『性霊集』の最終巻である。そしてその巻七に収められている願文は、そのほとんどが弘仁末年から天長年間のものだ。最末尾に最初の願文が置かれていることに何らかの事情、あるいは理由が隠されていると思うのだが、現段階では不明というほかない。今後の研究に俟《ま》つしかないのだが、今はその事実だけを指摘しておく。

空海は唐長安での留学生活を終え、大同元年（八〇六）十月以前には帰国して大宰府に滞在していた。帰国直後しばらくは帰国の経緯と留学の成果を朝廷に報告することで忙しかった。渾身の思いを込めて書いた帰国報告の上表文も、それに添えられた留学の成果を示す『請来目録』も、当時の平城天皇の朝廷には完全に無視された。ただ大宰府に留まるようにとのお達しが届けられただけであったようだ。

空海が入京を許されたのは、嵯峨天皇が即位した大同四年四月以降のことであった。帰国から、すでに三年近くが過ぎていた。この間、空海の動静は杳として分からない。空海の大宰府滞在のこの三年間は、今もなお空海研究の「空白の三年」であり続けている。

しかし、ただ一つ知られていることがある。それは帰国の翌年、大同二年（八〇七）三月十一日に、大宰府の少弐（副官）であった田中氏の亡母供養のために、空海が一篇の願文を書いたという事実である。

空海は密教の指導者である阿闍梨《あじやり》の資格を身に纏《まと》って帰国した。空海の密教阿闍梨としての名は「遍照金剛《へんじようこんごう》」である。「遍照」はヴィローチャナ（virocana）の意訳の漢語で、インドの太陽神つまり遍《あまね》く照らす者を意味している。旧《ふる》くはヴェーダ聖典に登場し、その後インド神話で宇宙全体の主宰神となるヴィシュヌ神のエピテート（形容句）として「光り輝く」の意味で使われていたが、やがて太陽神そのものの名称にもなる。それが仏教にも取り入れられ、『華厳経』や『大日経』では音訳されて「毗盧遮那《ビルシヤナ》」となり、意訳されて「遍照」となる。

恵果の指揮する大悲胎蔵生マンダラと金剛界マンダラの両壇上での投花得仏の結果、空海は両マンダラともに中尊の大日如来に結縁した。その故事はよく知られている。空海は満天を遍く照らす太陽をその名に背負う金剛薩埵となって帰国する。

「金剛薩埵」はサンスクリットの「ヴァジュラ・サットヴァ」の前半「ヴァジュラ」を意

訳し、後半を音訳した混成語である。密教の修行者は不壊の金剛身を纏うが故に「金剛薩埵＝ヴァジュラ・サットヴァ」と呼ばれるのだが、「金剛」とはダイアモンドのことである。金剛薩埵はダイアモンドのごとく、強靭不壊《きょうじんふえ》の精神を有する菩薩のことである。金剛薩埵となった空海はそのような経緯によって、「遍照金剛」、つまり「ヴィローチャナ・ヴァジュラ」(virocana-vajra) と呼ばれるのである。

その太陽の光輝を身に纏う空海が、遍照金剛としてわたしたちの前に初めて姿を見せるのは、大宰府副官の「先妣《せんぴ》」つまり今は亡き母親追慕の法要の導師としてであった。大宰府少弐という官位にある田中氏がいかなる人物であり、唐から帰国した空海とどのような関係にあったか、具体的なことは何一つ知られていない。ただ一つ確かなことは、空海が大宰府少弐の官職にあった人物と友誼を交わしていたということ、その上で一篇の願文を草し、その母親の追善供養を指導したということだけである。

空海が大宰府での滞留を命じられてから半年ほどの時間が経過している。両者が心を通わせ、友誼を醸すには十分な時間であろう。しかし、友人の亡き母を追慕し、その斎会《さいえ》の導師となり、そのための願文を草するということは、単なる友情の域を超える何かがそこにあることを感じさせる。大宰府副官には、この日本人としては最初の密教阿闍梨に対する深い信頼、あるいは帰依とでも言うべきものが存していたのではなかっただろうか。この願文はそうした状況のなかで書かれたのである。

空海の帰国後の動静を知る貴重な原資料であるのに、残念ながら空海のこの最初の願文はあまり注目されることはなかった。空海の動向を追跡するための資料として参照されることはあるが、願文の本文に思想的な眼差しを向け、願文のなかに込められた思想を読み取ろうという試みは、筆者の知る限り今まで行われていない。

まずはその願文を読み下し文と現代日本語訳で示しておこう。原文は本章の末尾にあるので、随時その原文と照らし合わせながら、読み下し文なり日本語訳文をゆっくり読み進めて頂きたい。

序章でも述べたように、本書が想定する読者は、漢文に馴染みのない、しかし空海には真摯な関心を寄せる老若男女である。現代日本語訳は、空海願文の持つ踊るような漢文の律動や、目にも綾なる措辞、大胆周到なる比喩など、漢文独自の構成美を伝えることができない。以下に示す読み下し文あるいは現代日本語訳が読者に届けられるのは、ただその意味だけである。

この後の解説によって意味を一通り理解された読者は、是非とも章末にある原文を漢字音でゆっくりと一字一字、声に出しながら朗唱して頂きたい。そうすれば、さらに深く、漢字音を通じて感覚的に空海の詩文の世界に入ることができると思う。意訳しても捉え難い仏教専門用語については、本書が想定する読者にとって必要だと思われる範囲で、各段落ごとに翻訳文の後に注を加えておいた。

原文は、固有名詞や、年月日、各段落冒頭の区切り句（恭惟、伏惟、是以、伏願など）を除いて、ほぼ一句四字を二句並べる対句で構成され、特別な思い入れがある個所では詩文のような緩やかなテンポの一句五字あるいは七字の対句が用いられている。その個所については付録の原文に沿って、読者自らがその五字ないし七字の対句を見つけ出していただきたい。

前置きはこのくらいにして、その願文をまずは漢文読み下し文で、そのあとに現代日本語を添えて、以下に示す。原文のタイトルは「田少弐の先妣の忌斎を設けむが為の願文」である。願主はあくまでも「田少弐」であり、空海はその「田少弐」に代わってこの願文を草しているのだということを忘れないでほしい。訳文中の「わたくし」は、空海ではなく「田少弐」である。空海の願文に共通する段落構成を示すために、先に述べた四段構成に沿って本文を各段ごとに区切っている。なお、サンスクリットの音訳語は、読み下し文においては原文のまま掲げ、ルビのかたちでサンスクリット原音を参考までにカタカナで示す。なお、難読の漢字には随時、ルビの形でその読みをひらがなで示す。本文冒頭に題目を置く。

題目

田少弐の先妣の忌斎を設けむが為の願文

大宰府の少弐職にある田中氏が今は亡き母の命日の法要を行うための願文

本文

[表白]

　恭しんで惟むばかれば、身体を陶冶するの二親の恩は重く、岳瀆《がくとく》を酬報せんこと、仏《ブッダ》にあらざれば誰にか帰せん。没駄《ブッダ》の力、以て為さざるところ無し。これを憑《たの》み、これを仰げば、怨親《えんしん》猶《な》お子の如し。神通《じんつう》に縁あり、悲願に極まりなし。利楽と抜済、身の倦むことを憚《はばか》らず。汪汪《おうおう》の徳、言は絶え、思いは断えるのみ。

　つつしんで考えますに、わたくしの身体を元気に養い育ててくださった父と母の恩は重く、山のように高く、河のように深いその恩に報いようとすれば、ブッダを措いて誰にお願いすることができましょう。ブッダの力を以て為し得ないことはありません。そのブッダの力にすべてを委ね、それを深く信じれば、怨みに思う仇敵も親しく交際する友人も、みなわが子のように大切な者となります。ブッダの不思議な力はその時々の状況に応じて発揮され、その慈悲の恵みは限りなく深いものです。人々の暮しを安らかにし、困難から救い出すことを願って、ブッダはわが身の倦み疲れることを顧《かえり》みることもありません。ブッダの果てしなく広大な慈悲のちからは、それを言い表す言葉はなく、わたくしたちの思い及ぶものではありません。

［趣意］

伏して惟《おも》んみるに、先妣は田中の氏にして、婦徳は桃林よりも昳茂《てつぼう》にして、母儀《ぼぎ》は蘭苑よりも芬馥《ふんふく》たり。冀《こいねが》う所は告面を芥劫《かいこう》に竭《つく》さむことなれども、何ぞ図《はか》らむ、芝玉《しぎょく》を露の朝《あした》に害せむとは。

嗚呼《ああ》痛い哉《かな》、酷裂たる罪の苦しみ。弟子《ていし》等、火を呑み鴆《ちん》を飲むが如し。斗建《とうけん》を記せずして、漏鐘《ろうしょう》は矢の如し。周忌《しゅうき》、忽ちに臨めり。その徳は厚く深くして、報ぜんと欲するに極《きわま》り罔《な》し。

身を伏して思いますことは、わたくしの亡き母、氏《うじ》の名は田中と申しますが、女性として見れば桃の林より麗《うるわ》しく、母親として見れば蘭の苑よりも香り高いお方でした。わたくしは息子として、儒教の教える「告面」*1の礼を永遠に続けたいと願っておりましたが、思いもかけないことに、「芝玉」*2のように貴い、わが母はいのちはかない朝露のように、突然この世を去ってしまいました。ああ、なんという苦しみ、身を切り裂くような後悔の念がわが身を苦しめます。わが母の兄弟も子供たちも、あたかも地獄の火を呑み、鴆《ちん》*3という鳥の猛毒を呑んだような苦しみを感じます。そんな苦しみのなかで、北斗七星を見て月日の経過を知ることも忘れているうちに、水時計で図る時間は矢のように過ぎてしまいました。気が付けば、今は亡き母の忌日が目の前に迫っております。わが母の徳は厚く、それに報いたいという思いの尽きることはありません。

*1　告面：『礼記』「典礼上」に、「人の子たる者、家を出るときにはそれを両親に告げ、家にもどるときにはかならず両親に顔を見せて挨拶せよ」との規範が書かれていることを踏まえている。
*2　芝玉：芝《しば》と玉《ぎょく》の合成語。芝も玉も共に貴いものを言う比喩であろう。出典は不明。
*3　鴆：鳥の名。毒蛇を食い、その羽をひたした酒を飲むと死ぬという。（『学研漢和大字典』）

［供養］

是《ここ》を以《もっ》て、大同二年、仲春の十一日、恭しく千手千眼大悲菩薩《せんじゅせんげんだいひぼさつ》、並びに四摂八供養《ししょうはちくよう》摩訶薩埵《まかさつた》など一十三尊を図絵し、幷《あわ》せて妙法蓮華経一部八軸と般若心経二軸を写し奉り、兼ねて荒庭を掃洒《そうしゃ》して、聊《いささ》か斎席を設け、潔《いさぎよ》く香華を修して、諸尊に供養せん。

そこで、亡き母の忌日にあたる大同二年の仲春二月十一日をもって、つつしんで千手千眼大悲菩薩[*1]と四摂八供養摩訶薩埵[*2]など十三尊を描き奉り、合せて妙法蓮華経八巻と般若心経二巻を写し奉ります。兼ねて荒れ果てた庭を掃き清め、水を打って、いささか亡き母追慕のための斎席を設け、香を焚き、花を捧げて先に述べた諸尊に供養申しあげたいと存じます。

＊1　「千手千眼大悲菩薩」：本文七五頁以下の解説を参照。
＊2　「四摂八供養摩訶薩埵」：本文七五頁以下の解説を参照。

［廻向1］

伏して願わくば、此の徳海を傾けて、煢魂《けいこん》を潤洗し、妄霧を褰《かかげ》て以て大日を覩《み》、智鏡を懐《いだ》いて以て実相を照らさん。法の不思議にして、用の窮尽すること無し。福は現親に延ばし、寿考光寵ならん。

この供養の広大な徳を傾け尽くして、亡きわが母の魂に注ぎ潤《うるお》し、清らかに洗い清めて頂きますように、伏してお願い申し上げます。亡き母の行方をふさぐ霧を吹き払って、わが母が太陽のように輝くビルシャナ仏の姿に相見《まみ》え、ブッダの教える智慧の鏡を抱いて真実の世界を目の当《ま》たりに見ることができますように、お願い申し上げます。ブッダの教えは限りなく深く、ブッダの救いは尽きることがありません。尽きることのないブッダの恵みを、存命のわが父にも及ぼし、いつまでも長生きをして朝廷の栄誉も頂きますように、お願い申し上げます。

[廻向2]

臣子に善有れば、必ず諸尊に奉り、此の勝福を廻して、聖朝に酬い奉らん。金輪、常に転じて、十善弥《いよい》よ新たならん。春宮《とうぐう》と瓊枝《けいし》、宰輔《さいほ》と百工、共に忠義を竭《つく》し、福履、之《これ》を綏《やす》くせん。

臣民たる者は、よいことがあれば必ず敬愛する君主にそれを報告します。わたくしはこの度の法要の大きな幸せを廻向して、尊いみかどに奉りたいと存じます。みかどの治世が平穏に過ぎゆき、ブッダの説く十善の教え[*1]のますます広く行き渡りますように、そして皇太子、親王、宰相、大臣、百官、皆共に忠義を尽くし、人々を幸福にする治世[*2]のますます安らかでありますように、お願い申し上げます。

［廻向3］
五類の提婆《デーヴァ》、十方の数生《すうせい》、同じく一味の法食に飽きて、等しく一如の宮殿に遊ばん。

この世にいますすべての神々[*3]、この世に生きるすべてのいのちあるものたち[*4]が、ブッダの教えという同じ一つの食べ物でその身を養い、ブッダの教えという同じ一つの宮殿に集うことができますように、お願い申し上げます。

＊1　十善の教え：原文は単に「十善」と書かれている。現在でも『般若心経』読誦の前に常に唱えられている「十善戒」、つまり「不殺生・不偸盗・不邪淫・不妄語・不悪口・不両舌・不綺語・不慳貪・不瞋恚・不邪見」の総称。古くから仏教経典に出ているもので、菩薩仏教の基本的教義の一つである。空海が帰国後最初の願文に「十善」の語を書いていることは注目しておかなければな

らない。

＊2　人々を幸福にする治世：原文は「福履綏之」で、『詩経』周南、樛木に出る一句をそのまま使っている。空海の文章には、『詩経』の語句の引用が随所に見られる。そのことは注目しておいてよい。

＊3　この世にいますすべての神々：原文は「五類提婆」の四字句。「提婆」はサンスクリットの「デーヴァ」(deva) の漢字音訳語で、日本語に訳せば「神」のこと。インドの神々は五つの種類に分類されるので「五類提婆」と言えば「すべての神々」のことである。仏教では、すべての「神々」もブッダの世界に包摂され、ブッダの教えによって救われるべき存在である。空海にとっては日本の神々もそこに含まれている。

＊4　この世に生きるすべてのいのちあるものたち：原文は「十方数生」の四字句。「十方」とは、東西南北の四方、東南・南西・西北・北東の四維、それに上下を加えて「十方」という。立体的に捉えられたインド伝統の世界像であり、わたしたちが言う宇宙空間のことである。サンスクリットの「ダシャ・ディシュ」(daśa-diś) の漢字意訳語である。「数生」は「衆生」と同義、「すべてのいのちある存在」の総称。サンスクリットでは、「サットヴァー」(sattvā) で、「存在するもの」を意味するサットヴァ (sattva) の複数形で書かれる。文字通りには「多くの存在者」であるが、仏教用語としては「ブッダの教えがゆきわたる世界に生きているものたちのすべて」を意味する。空海がここで「数生」という漢訳語を用いた理由は不明であるが、「数」は「衆」と同じ去声の字であるから音韻に関係する理由があったのかもしれない。仏教経典には随所で見られる語形である。

この願文において特に注目しておかなければならない点を、いくつか指摘しておきたい。まず注目されるのは、「供養」段に記載されている四つの奉納物の内容である。それを一覧すると次のようになる。

（1）千手千眼大悲菩薩（画像）
（2）四摂八供養摩訶薩埵（画像）
（3）妙法蓮華経八巻（写経）
（4）般若心経二巻（写経）

最初の二つは両部の大マンダラから抽出された尊格の画像、後の二つはよく知られた二つの大乗経典、『法華経』と『般若心経』それぞれの写経である。『法華経』の全八巻、『般若心経』は元来一巻であるから、それを二部二巻、合せて十巻の写経である。

特に（1）と（2）に記載される尊格の図像は注目に値する。かつて日本には存在しなかったものであり、空海が恵果から授かり、請来したばかりの両部のマンダラ、大悲胎蔵生マンダラと金剛界マンダラから選び出された尊格である。本文には「大悲胎蔵生」とも「金剛界」とも明記されているわけではない。しかし原文の「千手千眼大悲菩薩」（この名の観音像は既に天平時代には知られていた。その代表は唐招提寺金堂の像である）の呼称が、大悲胎蔵生マンダラの「虚空蔵院」に描かれている尊格であることはまず間違いないだろう。

他方、「四摂八供養摩訶薩埵」とは、金剛界九会《くえ》マンダラの中央に位置する「成身会《じょうじんね》」マンダラの中央、大日如来とそれを囲む阿閦・宝生・無量寿・不空成就のいわゆる「四仏」を取り巻くように配置されている菩薩群の総称である。詳しく言えば、鉤・策・鎖・鈴の四摂金剛菩薩と、嬉・鬘・歌・舞と香・華・燈・塗の八供養菩薩である。

空海帰国のほぼ半年後に描かれたこの両部マンダラ諸尊の図像は、間違いなく日本における最初の密教図像であったにちがいない。それが実際にどのようなものであったか、今となってはもちろん知ることはできないが、我が国最初の密教図像が大宰府で描かれたということは興味ある事実である。

この事実の背後には、阿闍梨となって帰国した空海の戦略が隠されているように思われる。その戦略とは、密教修行者にはサンスクリット原文の真言読誦を厳しく要求するのとは対比的に、一般の人たちにはマンダラ図像を通じて密教を伝えようという両面戦略である。プロとアマに対するサンスクリットの真言とマンダラの図像という使い分けである。その巧みな戦略は空海の生涯を貫いて遂行され、それ以後の日本仏教史の有り様をも決定づけるものとなった。例えば、最澄にサンスクリットの学習を厳しく求めたのも、東寺講堂にいわゆる「立体マンダラ」を配置したのも、その戦略に沿ってのことではなかっただろうか。

話を願文の「供養」段にもどす。マンダラ諸尊の図画に続けて、空海は二種の経典の写経を仏前に供養している。供養一覧の（3）に記載される「妙法蓮華経八巻」は、菩薩仏教の根本経典の一つである『法華経』のことである。八巻とあるから今も日本で広範に読誦されている鳩摩羅什《クマーラジーヴァ》訳のものであったことがわかる。聖徳太子の伝説（『法華義疏』の撰述）にも見られるとおり、仏教が日本に伝播して以来、日本仏教の中心に位置し続けていた経典だ。願主の大宰府少弐も、その母も、おそらくは『法華経』の信奉者だったのだろうかとも推測される。

併せて『般若心経』二巻が書写されている。『般若心経』は現在の日本でも最もよく知られた、そして最もよく唱えられている経典であろう。それだけではなく、実質的にも日本仏教の核となっている。「般若」すなわち「プラジュニャー」(prajñā)、その意味するところ「直観的な智慧」である。

菩薩仏教の出発点となったのは、釈尊の実践的な教えの根底にあるものを抽出し、それを理論化したナーガールジュナ（龍樹）の論書である。それが再び菩薩仏教の実践的指標として経典に姿を変えたものが一連の般若経典だ。三蔵法師玄奘がインドから帰国後、残された人生のすべてをかけて漢訳した六百巻の「大般若経」シリーズは、数百年にわたって蓄積された般若経典の総集である。それに対して、『般若心経』は般若思想のエッセンスをマントラに凝縮したものである。

そのマントラは、『般若心経』の最後の部分に示されている。「ガテー・ガテー・パーラガテー・パーラサンガテー・ボーディ・スヴァハー」(gate gate pāragate pārasaṃgate bodhi svāhā) がそれである。現在の日本ではかなり訛って、「ギャーテー・ギャーテー・ハーラギャテー・ハラソーギャテー・ボージ・ソワカ」というふうに唱えられている。このマントラの意味は捉え難いが、その中心になっているガテー (gate) が、「行く」を意味する動詞語幹 gam の完了分詞女性形 gatā の呼格形であることは疑いを容れない。このマントラは、女性名詞で示される何か「行ったもの」への呼びかけの言葉なのだ。しかし、女性形で示される「行ったもの」とは何だろう。それは『般若心経』の冒頭に書かれている。「観自在菩薩」である。

「観自在菩薩行深般若波羅蜜多時、照見五蘊皆空、度一切苦厄」と書かれているその「観自在菩薩」こそが、その「行ったもの」の正体である。しかし「観自在菩薩」は男性である、少なくとも男性形の呼称である。だから「行き着いたもの」は観自在菩薩それ自身を指しているのではない。そうではなく、観自在菩薩が「深く行した」ところの「波羅蜜多《パーラミター》」を指しているのだ。この「パーラミター」は梵字で書けばpāramitāであり、pāramとitāの合成語だ。pāramitā全体では、向こう岸に渡ること、つまり彼岸に達することを意味している。itaは動詞語幹iの完了分詞で、その動詞は先に紹介した動詞語幹gamと同じ意味を持っている。pāramitāはpāragatāとまったく同じ意味の語だ。要するに「パーラガテー」と呼びかけられているのは、『般若心経』冒頭に出ている「般若波羅蜜多《プラジュニャー・パーラミター》」なのだ。観自在菩薩が「照見」した、つまり明らかに見た、「プラジュニャー・パーラミター」である。

だから、『般若心経』のマントラは、観自在菩薩の見出した真理すなわち「プラジュニャー・パーラミター」を称え、それに呼びかけているマントラということになる。「智慧」を意味する「プラジュニャー」は女性名詞であり、それに付けられた形容詞「パーラミター」も女性形で書かれている。『般若心経』のマントラはその女性形で呼ばれる「彼岸に達した智慧」、「究極の叡智」への呼びかけなのである。

ながながと『般若心経』のマントラについて解説してきたが、それは空海が帰国時には、『般若心経』のマントラの意味をそのように理解していただろうと思うからだ。空海も『般若心経』の構造は知っていたであろうし、そのマントラが菩薩仏教の教え、つまり般若の教えを称える語句で構成されていることも知っていただろう。なぜなら、空海もわたしと同じように基礎的なものではあっても、サンスクリットの知識を習得していたはずだからだ。

晩年近くになって、空海は『般若心経』の全文を独自の視点から解釈する『般若心経秘鍵』を書いている。そのなかで、今述べた「ガテー」以下のマントラ部分を「秘蔵真言分」と称している。つまりマントラとして見ているのだ。その独自の視点は、ごく当たり前のように「密教的視点」と呼ばれることが多いのだが、そしてわたしもそのことに異論があるのではないけれども、問題はむしろその「密教的視点」とは何かということだ。わたしが試みているのは、空海のその「密教的視点」を菩薩仏教という広い視野の中で解明することである。

大宰府少弐の先妣追善の願文において、『法華経』全八巻と並んで『般若心経』二巻を奉納することを勧めたのは空海であっただろう。なぜなら「顕」の経典である『法華経』ではなく、むしろ「密」の経典である『般若心経』にこそ、空海思想の奥深い源泉が秘められているからだ。その般若思想がマントラを顕在化させることで新しい段階に入っているという認識が空海にはあったはずだ。それこそが、同時代の現実的世界のなかで釈尊の教えを伝えるための新しい「方便」、新しい方法論であることを、帰国後の空海は確信していたはずなのだ。

そして、それが都を遠く離れた大宰府で書かれた最初の願文に表明されているのである。「供養」段に見える「大日」への言及も、この願文がビルシャナ・ブッダを前面に押し出すことで、新しく請来した「密教」色を鮮明に表現している。しかし、この願文で最も異彩を放っているのは、最後の「廻向」段である。

「廻向」とは、「供養」に応答する「大日如来」の恵みを、別の方向に廻し向けることを意味している。大宰府少弐の願文に即して言えば、少弐の先妣菩提のためにブッダに奉納された図絵と写経の功徳を、先妣菩提という当面の目的から別の方向に転じることである。この願文では、その「廻向」の向かう先が三重になっている。このような「廻向」の重なりは空海願文においても珍しい例外的なことである。いくらなんでも少し欲張り過ぎ、という感なきにしもあらずだ。が、それにはそれなりのわけがあった。順番に見ていこう。

第一の廻向は、当然ながら願主である田少弐の親族に向けられる。そこにビルシャナ仏の加護が注がれることを願う廻向文だ。この廻向はごく当然のことであるし、依頼者から言えば必須のことでもある。

第二の廻向は、天皇と朝廷に向けられている。大宰府少弐の要職にある願主の立場を慮ってのことであっただろうか。あるいは少弐自身の要望を受けての、空海の配慮であっただろうか。この二つ目の廻向文は、空海願文の通例の構成ならばなくてもよいものだ。

わたしが注目しておきたいのは、第三の廻向文である。その個所を以下にもう一度引用しておこう。読者には、是非ともここで空海の原文を参照していただきたいと思う。そのために煩雑になるのを恐れず、その都度、括弧内に原文を示すことにする。

この世にいますすべての神々、この世に生きるすべてのいのちあるものたちが、ブッダの教えという同じ一つの食べ物でその身を養い、ブッダの教えという同じ一つの宮殿に集うことができますように、お願い申し上げます。

この第三の廻向は「すべての神々、すべての衆生」（五類提婆・十方数生）に向けられる。前の二つの廻向文が、大宰府少弐の職にある願主の立場から、親族と朝廷に向けられた廻向文であるのに対して、第三の廻向文はこの願文を書く空海自身の立場からする廻向である。願主の願意を踏み越えて、この廻向文は、すべてのいのちあるものたちをブッダの世界に導き入れる、迎え入れることを願う空海自身の廻向文なのである。

「すべての神々」と訳した原文「五類提婆」は、文字通りには、五種類のデーヴァ

(deva)を指している。数によってあらゆるものを分類し総括するインド語法に根差す表現であって、意味するところはすべてのデーヴァ、すべての神々である。「十方数生」は「十方衆生」と書いてもよいところだが、空海が「五類提婆」の対句として、「十方数生」と配置したものであろう。「十方」は、四方四維と上下の二を加えて、立体的に空間全体を捉える、これもまたインド語法を踏襲するものだ。従って「十方数生」とは、この世界で生を営むすべての生き物を包括することになる。生命世界全体を掬《すく》い取る修辞である。

特に注目していただきたいのは、「同飽一味之法食、等遊一如之宮殿」という最後の対句である。この対句には、この願文を草した空海の願いが言葉となって具体的に表現されている。空海が書いた文字をそのまま書き写せば次のようになる。

五類提婆、十方数生、
同飽一味之法食、等遊一如之宮殿。

第一の対句は型通りの四字構成。「五類提婆、十方数生」は、先にも述べた通り、菩薩仏教の菩薩たる空海が身命を賭して救うべき存在の総体を掬い取ろうとする文字である。この文字の背後には、一切平等の生命世界が広がっている。

第二の対句は、七字で構成される。前の四言対句の簡潔鮮明さに対して、緩やかに流動する音楽的な七字の対句だ。このリズムの転換は、空海が好んで読んだ、そしてまた空海の文章の随所に引用される『詩経』の響きを彷彿とさせる。この異なるリズムを南北朝時代の詩法に載せてみごとに結合する手腕は、空海独自のものと言ってよいだろう。願文はあくまでも散文であるが、その散文のなかに詩がある。

「飽」と「遊」の動詞、それら二つの動詞の目的語となる「法食」と「宮殿」、これらの対句を成す文字と、その文字が語る意味は異なるけれども、その源泉においては「同」であり、「等」である。「同」と「等」であるが故に、最終的には一つに凝縮されて「一味」となり、「一如」となる。

最終的に「一」に帰るもの、それは空海が『三教指帰』で明言するところの「我が師釈尊」の教えである。この世界のすべての神々、すべての生物が、一なるブッダの懐に帰一する。

前にも指摘したことだが、空海にとって「密教」はあくまでも方便である。空海の生きた時代に適応した方便である。菩薩仏教が最後の力をふりしぼって新たに創作した方便である。空海にとっては、新しい時代に相応しい、わたしが前著で名付けた「弘仁のモダニズム」に相応しい仏教を日本に建設するための方便にすぎない。仏教の新しい指導者、菩提薩埵にとって代わる金剛薩埵を育てるための方便である。空海の願文もその方便の一つの様態である。

方便の背後に隠されている釈尊の教え、空海が指し示す一なる仏教を見ないで、それらの方便の外観だけを取りあげ、振りかざすだけならば、それは空海の言うとおり「瓦礫」にすぎないものとなろう。今なおわたしたちを励ましてくれる空海思想は、「密教」のなかにあるのではなく、その奥にある菩薩仏教の長く奥深い伝統のなかにある。

「一味之法食」も「一如之宮殿」も、「密教」によって革新され、「密教」のなかに蘇生されるべき「我が師釈尊の教え」の詩的比喩であるが、それもまたあくまで比喩に過ぎない。その比喩の奥に息づく菩薩仏教の真実こそ、わたしたちが探し求め、見つけ出さなければならない一《いつ》なる空海思想なのである。空海の願文の結句に、その空海思想の真実が秘められている。

5 「式部笠丞の為の願文」を読む

次に読む願文は、『性霊集』巻六に収められている「式部笠丞《しきぶかさのじよう》の為の願文」と題されたもので、弘仁六年（八一五）十月十五日の日付を持ち、その文中に「四恩」の語を見出すことができる早い例である。願文としての首尾もみごとに整い、空海願文を代表するものの一つに数えることができる。

願主である「式部笠丞」とは、式部省の丞（三等官、六位相当）の官吏であった笠仲守《かさのなかもり》である。「丞」は「じょう」と読む。空海とどのような関係にあったか詳細は不明だが、『経国集』に仲守の漢詩が採録されているので、空海とは漢詩を通じての交際であったようだ。『経国集』には、仲守の「冬日山門を過ぐ」と題された五言律詩が収められている。参考までに原文と読み下し文を次に掲げておこう。

香刹青雲外、虚廊絶岸傾。
水清塵躅断、風静梵音明。
古石苔為席、新房菴作名。
森然蘿樹下、独聴暮鐘声。

香刹《こうさつ》は青雲の外、虚廊《きょろう》は絶岸に傾く。
水清く塵躅《じんちょく》を断ち、風静かにして梵音明らかなり。

古き石は苔《こけ》を席と為し、新しき房は菴《いおり》を名と作《す》。
森然たる蘿樹《らじゅ》の下、独り暮の鐘声《しょうせい》を聴く。

初めの「香刹は青雲の外、虚廊は絶岸に傾く」の文面は、空海が当時住していた高雄山寺を彷彿とさせる。この詩は、仲守が冬の高雄山寺を訪問し、その風景を叙したものと思われる。わたしにとって興味深いことは、「風静かにして梵音明らかなり」と綴られている一句である。ここに書かれている「梵音」がわたしには妙に気になるのだ。

「梵音」とは、文字通りには、インド神話の主神ブラフマン（漢訳されて梵天）の美しい声のことで、サンスクリットの「ブラフマ・スヴァラター」(brahma-svaratā) という定型句の漢字意訳語である。転じて一般的には、読経などの清らかな音声を指すようにもなる。仲守が聞いた「梵音」とは何であっただろうか？ 仲守が第一句で言う「香刹」が、わたしの推測通り、高雄山寺を指すものであるとすれば、それは文字通りの「ブラフマ・スヴァラター」、つまりサンスクリットで唱えられるマントラの音声ではなかっただろうか。

いずれにしろ仲守の詩の背景には、空海との詩文を通じての深い友愛が伏流しているように思われる。『経国集』には空海の作品も八篇収録されている。仲守との漢詩を通じての文学的交友は親密なものであっただろう。

「式部笠丞の為の願文」は、そのような文学的交友を背景に持つ。まずはその願文を読み下し文と現代日本語訳で以下に示すことにしよう。原文は本章末に載せているので、随時参照していただきたい。

題目

式部笠の丞の為の願文

式部省の丞《じょう》、笠仲守《かさのなかもり》のための願文

本文

[表白]

恭《うやうや》しくも聞く。我性の自覚は空に満ち、海滞の化身は世を救う。遍界の塵墨は、盲《もう》離《り》も瞻《み》るなり、瞽隷《これい》も記すなり。乗牛に狂うを名づけて道《どう》と為し、駕鱗に泣くを易《えき》と称す。近くにありて覩《み》難《がた》く、高くにありて感じ難し。澄鏡なるときは則ち天佑《たす》けて響応す。濁染なるときは則ち鬼殺して、雪のごとくに滅す。其の源たるや、則ち大日に名を得、大悲たるや、則ち観音に号《な》を立つ。宝瓶を擎《かか》げ、財宝を施すことこれ無尽なり。十利を称名に懐《いだ》き、万劫《ばんこう》を誦言に超《こ》う。大士の神力、誰か能く名づけむや。

恭しくもわたくし〔＝笠仲守〕は、次のように聞いております。自分が自分であることを自覚した者〔＝ブッダ〕は虚空に満ちており、海の水滴のように数知れぬブッダの化身〔＝菩薩〕が人々の救済に努めている、と。この世界に遍く満ちている数知れないブッダは、盲目の離《り》にも見えるし、目の見えない隷《れい》でも記録することができる、と。牛に乗って隠遁したという老子の奇抜な教えを道教と言い、麒麟の出現を嘆じた孔子の教えを儒教と言う。〔それとは異なり仏教は、〕身近にあっても見ることは難しく、崇高な教えであるが、それを感じとることは難しい。こころの鏡が澄んでいれば天の佑けのように響き渡り、こころが濁っていれば鬼を殺すようにその穢れを消してくれる、と。その仏教の本源を「大日」と名付け、[*1]その慈悲の現れを「観音」と呼ぶのである、と。[*2]宝に満ちた瓶《へい》を擎《ささ》げて、財宝を施すことの尽きることはありません。〔わたくしは〕観音の十種の利益をこころに抱き、観音の真言を永遠に唱えます。観音菩薩の不思議な力は、誰もよく名付けることはできません。

＊1　「大日」は「マハー・ヴァイローチャナ」(Mahā-vairocana) の漢字意訳語である。その意味

するところは「大いなるヴィローチャナ」。ヴィローチャナ（virocana）はサンスクリットの単語に戻せば「明るく照らす」という意味の形容詞で、インドの神話に登場するヴィシュヌ神（太陽神）に付けられるエピテット、つまり修飾語であった。『大日経』（これは善無畏訳の『大毘盧遮那成仏神変加持経』の略称）に言う「大毘盧遮那」は、その「太陽神」が仏教に取り入れられ、さらに誇張されて「大いなる太陽神」に変容したものである。日本の神話に出る「天照大神《あまてらすおおみかみ》」と同じ意味を表す呼称であるのが面白い。

なお、東大寺の大仏も「毗盧遮那仏《ヴィローチャナ・ブッダ》」であるが、これは『華厳経』の教主である。『華厳経』と『大日経』は同じように「太陽神」を主尊に仰ぐ仏教経典であり、『華厳経』が「密教」の成立に深く関与していることがわかる。空海もそのことを知っていたであろう。『十住心論』では『華厳経』は第九住心に位置づけられていることがその証拠である。地球が太陽系の一つの惑星として、太陽の恵みを受けながらその「いのち」を養っていることを思えば、偶然の一致と見られる神や仏の名称の類似には、地球上で暮らす人々の共通の認識が示されているのであろう。

＊2 『性霊集』本文はこの後に、「所謂阿哩野翳迦捺者目佉、翻云大聖十一面観音也。則是蓮華部利他之一門也」の文が続く。しかし、これは、空海の書いたものではない。ずっと後になって誰かが、知ったかぶりの「十一面観音」の解説を書き込んだのが、現在までそのまま伝承されたものである。従って本書では削除し、章末の原文からも削除してある。空海の文章とされるもののなかには、この種の竄入が少なからず散見される。このことについては、第二章「即身成仏とは何か」で改めて論じることとする。

［趣意］

昔、我が先考、禾《か》を千里に失い、帷《かたびら》を一州に褰《かか》ぐ。遊覧の次《ついで》、忽ちに一塊の桃材を観《み》たり。之《これ》を土人に問うに、答えて曰く、人有りて十一面観音の像を造らむと擬す。此の木を伐採し、未だ功業に就かざるに、不幸にして殞《みまか》りけり。先考、彼《か》の逝者《せいじゃ》を愍《あわれ》みて、此の像を造り奉らむとし、不日にして功畢《おわ》んぬ。

弟子仲守、続けて此の境を拝し、乍《たちま》ちに先人の遺跡を観たり。物能く人を感じせしむ、誰か哽泣《こうきゅう》に耐えむや。

昔の話ですが、今は亡きわが父は、朝廷から広い領地を賜り、一国の長となっておりました。[*3]領地遊覧の折、父は一本の桃の材木が倒れているのを見つけました。土地の人に尋ねたところ、ある人が十一面観音の像を彫《ほ》ろうとして、この木を切り倒したのですが、その功業を始める前に、不幸にして身罷ってしまったとのことです。今は亡きわが父は、亡くなられたその方の不幸を憐れんで、その観音像を完成してさし上げようと思い、まもなく完成することができました。

仏弟子であるわたくし仲守は、亡き父の後を継いで領地を拝領いたしました。わが父の遺した観音像を拝見いたしますにつけ、そのたびにわたくしのこころは揺り動かされるのです。どうして感動の涙を流さないでいられましょうか。

＊3　笠氏は吉備（現在の岡山県）の豪族であったらしい。大和朝廷成立の過程で、吉備は四つの国（備前・備中・備後・美作）に分けられるが、その時に笠氏はそのうちの「一国」（原文は「一州」）あるいは一郡を与えられたのであろう。笠氏は空海の出自の佐伯氏（讃岐国多度郡の郡司）と似通うところがある。

［供養］

謹んで、弘仁六年十月十五日を以て、墾田一町、永く灯分料に奉《ささげたてまつ》る。慧灯《けいとう》、星のごとく懸かりて、癡暗《ちあん》、雲のごとくに巻《ま》かむ。智の光は朗月にして、覚の威は爀日《かくじつ》たらむ。

謹んで、本日、弘仁六年十月十五日を以て、墾田一町を灯明料として永く〔この十一面観音像に〕奉納申し上げます。ブッダの知恵を示すこの灯明の光が天空に星のように輝き、愚かな迷いの暗闇が雲のように消えますように、智慧の光が満月の光のように輝き、悟りの威力が太陽のように輝きわたりますように、お願い申し上げます。

〔廻向〕

伏して乞う。此の善行を藉《か》りて、四恩を翊《たす》け奉り、覚苑に優遊し、禅林に放曠《ほうこう》せん。毛鱗角冠、蹄履尾裙、有情非情、動物植物、同じく平等の仏性に鑑み、忽ちに不二の大衍《だいえん》を証せん。

伏してお願い申し上げます。この善事業の功徳を廻向し、それを以て四恩を助け参らせますように、悟りの苑《その》をゆったりと遊歩し、禅定の林にこころを解放できますように、あらゆる種類の動物たち、心あるものも、心無きものも、動物も植物も、すべて同じように平等なるブッダの教えに照らされ、大いなる乗り物というブッダの不二の教えの境地に入れますように、お願い申し上げます。

この願文には、当時の裕福な官吏が仏教に帰依し、その証として仏像・菩薩像などを制作していた事情の一端が、短い説話として語られている。もちろん、笠仲守は、父親から伝え聞いた昔話を、現在のわたしたちのように説話として受け取っていたのではない。自分の家族に起きた真実の出来事として理解していたはずだ。そのような由緒ある十一面観音像に捧げられた灯明の代価として「墾田一町歩」が寄進され、それを奉納するにあたって空海に願文の制作を依頼したのは仲守自身である。

その依頼に応じて空海がこの願文を書いたということも、同様に紛れもない事実である。空海を怪物のように語り、あるいは「弘法大師」を超人のごとくに語る人たち、あるいは空海の精神的末裔たるべき真言僧たちは、それをどのように理解するのだろうか？　空海の真実は、根拠のない架空の物語のなかにあるのか、あるいはこの願文の文字にあるのか？　わたしが読者に問いたいのは、そのことである。

「趣意」と「供養」の段は、特に解説を必要としないだろう。まことに素直な文章であり、空海と仲守の交友の睦まじささをも感じさせてくれる。現代のわたしたちには、それ自体が一篇の麗しい友情物語であるように思われる。亡父忌日の供養とは書かれていないが、「十月十五日」には当然ながらそのことが含意されていたであろう。ただ一つ、灯明の永世供養の対象となった「十一面観音」については少しばかり解説を加えておきたい。

十一面観音はいわゆる「変化観音《へんげかんのん》」と称されるもののハシリである。観音菩薩本来の姿は人間と同じ姿であり、それを変化観音と区別して「聖観音《しょうかんのん》」と呼ぶこともある。観音菩薩は慈悲の菩薩として知られている。天平初期までの観音菩薩像や中国の絵画に描かれる各種の観音像、例えば楊柳《ようりゅう》観音などは、すべて聖観音の範疇に収まるものである。やがて「密教」の時代（日本では鑑真の来日と重なると考えてよい）に入ると、観音菩薩もその影響下に「密教」化され、超人間的な異形の姿を見せるようになる。

十一面観音は、その名の通り十一の顔を持つ観音だ。本来の優美な顔のほかに、頭の上に十個の険しい変化《へんげ》面を載せている。その異形の顔面は、観音菩薩に期待される慈悲が、荒々しいエネルギーを以て噴出したものだ。このように変化した観音菩薩が漢訳経典に出現したのは、七世紀中頃、唐三代目の皇帝である高宗（在位六四九―六八三）の治世であった。『陀羅尼《だらに》集経《じつきょう》』というタイトルの、当時その数を増していた陀羅尼経典を集大成する訳経編集事業が高宗の勅命の下で開始される。唐の永徽《えいき》四年（六五三）三月から始められ、翌年の永徽五年四月に終わった全十二巻の『陁羅尼集経』の編纂事業を指導したのは、阿地瞿多《アディクタ》というインド僧であった。

『陀羅尼集経』の編集は中国における密教時代の本格的開幕であった。多くのインド僧がインドを逃れて中国に来ていた。東アジア仏教に新しい時代が開かれようとしていた。

『陀羅尼集経』にはアディクタ訳の『十一面観世音神咒経』という経典が含まれているが、それと同じ経典は、それより少し遅れて「三蔵法師」の名で知られる玄奘によって『十一面神呪心経』というタイトルでもう一度翻訳されている。そのことからもわかるとおり、「陀羅尼」は、内容的には先に述べた「真言」つまりマントラと、少なくともその効用においては同じものである。

中国仏教界のこの最新情報は遣唐使を通じて、ほぼ同時代的に、日本にも伝えられていた。時代は最後の大乗経典である八十巻本の『華厳経』と『陀羅尼集経』を中心とする時代、つまり「密教」の時代に移っていたのである。

従来の理解では、空海は『大日経』を読んで「密教」に関心を持ったとされているが、わたしはそうは思わない。唐の「密教」隆盛の状況は、少なくとも天平時代後期には日本にも伝えられていたはずだ。「密教」に関する関心はすでに平城京の仏教界に広がっていたとわたしは考えている。わたしの主張の根拠は、ほかでもない、『大日経』（具《つぶ》さには『大毘盧遮那成仏神変加持経』）という最新の「密教」経典が、翻訳まもない時期にいちはやく日本に請来されていたという事実である。

『大日経』はインド僧の善無畏が開元十二年（七二四）に洛陽で漢訳したもので、翻訳後間もない頃に既に、おそらくは遣唐使を通じて日本に請来されていた。奈良時代の写本も現存している。だから空海は間違いなく入唐前にそれを熟読していたであろう。「虚空蔵求聞持法」の成就の後にも、自分の体験を踏まえながらそれを読み返したであろう。しかし、それだけを読んだのではなく、先行する「密教」関連経典、例えば『陀羅尼集経』などにも目を通していたであろう。

七世紀初頭には唐の都長安や洛陽に定着し、遣唐使によって天平の日本に伝えられた

「密教」の新機運のなかに、この願文に登場する「十一面観音」はすでに登場していた。父が彫ったという仲守の証言を信じるなら、そしてその桃の材木が父より先に亡くなった人物の遺したものであるという現地の人の証言を信じるなら、この十一面観音像はこの願文が書かれた弘仁六年(八一五)よりかなり前に制作されたものであると推測される。仮に一代二十年としても、仲守の二代前であれば、五十年近く前のことだ。

言い換えれば天平時代半ば頃まで、この十一面観音像制作の物語は遡ることになる。その頃にはすでに、十一面観音の彫像が、平城京からかなり離れた吉備(現在の岡山県中部)でも造られようとしていたということだ。空海の願文は、このような密教伝播の歴史を証する歴史資料としても価値を有している。

この願文のもう一つのポイントは、「廻向」段にある。まず確認しておきたいことは、この願文に書かれている廻向文は仲守の意思を汲んだものと言うよりも、この願文を代筆している空海の思いの吐露であるということである。そして、その空海の思いを載せて、発せられた言葉が「四恩」である。

空海の願文にこの「四恩」なる二字が初めて書かれるのは、この仲守願文より少し前、弘仁四年(八一三)十月二十五日に奉じられた「藤大使中納言の為の願文」である。つまり空海が入唐した折の遣唐大使、藤原葛野麻呂《ふじわらのかどのまろ》のために空海が草した願文においてである。

仲守の願文より二年前のことで、仲守願文と同様に『性霊集』巻六の巻末部分に仲守願文と仲よく並んで収録されている。

「四恩」は空海思想の中核を成す重要な概念であり、空海のいのちの思想の核心を表明する言葉でもある。「四恩」については、終章の「万灯万花会の願文」を読むときに、あらためて記すつもりなので、今はその重要性を指摘するだけに留めておく。ただ一言、空海が「四恩」という言葉で言おうとしているものは「一切衆生」への恩であって、中国偽経である『大乗本生心地観経』によって中世以降、世に喧伝されるようになる四種類の恩、つまり「父母の恩・衆生の恩・国王の恩・三宝の恩」では断じてない、ということだけを今は言っておきたい。

空海の思想を前面に押し出す「廻向」段は、仲守の善事業の功徳を転じて「四恩を助け参らせる」ことを祈願することから始まる。ごく短い一文であるが、次にそれを引用しておこう。併せて現代語訳を添える。

此善業を藉《かり》て、四恩を翊《たす》け奉らむ。

この善事業の功徳を以て、四恩を翊《たす》け参らせようと思います。

「藉」は見慣れぬ字であるが、「かりる」と訓読され、「……のお陰を蒙る」の意味を表す字で、その後に続く「此善業」を目的語とする動詞である。なおついでながら、『定本全集』ではこの「藉」字、「籍」となっているが誤写である。

亡父の作った十一面観音像に灯明代として墾田一町を施入するという善事業の功徳を「廻向」して、言い換えれば他に振り向けて、仲守に代わって空海は「四恩」を「翊け奉る」ように祈願する。「翊」字は「翼」字と同音・同義の字で、「たすける」、「ささえる」という意味を表す動詞で、「四恩」を「翊《たす》け奉らむ」、が空海の「廻向」の趣旨である。

「四恩」とは文字通りには「四つの恩」ということであろうが、その「四」は代表数であって、何か個別の四個のものを指しているのではない。この願文においては、その「四」は続く文面において「毛・鱗・角・冠」つまり「毛のあるもの・鱗のあるもの・角《つの》のあるもの・冠のあるもの」によって代表されている。しかし、それはすぐに言い換えられて「蹄履・尾裙」、つまり「蹄を足に履くもの・尾を腰に纏うもの」に転換される。さらに「有情・非情」、つまり「心あるもの・心なきもの」に言い換えられている。「有情」は概《おおむ》ね人間のことであろうから、「無常」はそれ以外の動物や生物すべてを包括している。さらに「動物・植物」に言い換えられて、「動物」に「植物」も加えられる。これらいのちあるものすべて、生命活動を営むすべてのものを、空海は「四恩」つまり四つの恩と呼んでいる。

なぜ「四恩」なのか？　これも簡単なことで、インドの生命観を構成する語に「四生」がある。「四生」は「四胎」の同義語である。つまり、生物の生まれ方で生物界を四種類に分け、その四種の生命の様態で生命世界全体を指し示しているのである。要するに空海が「四恩」というとき、それは生命世界全体を汲み取る言葉になっているということだ。いのちあるものすべてを、空海は「四恩」という文字で抱き取っているのである。本章のタイトルに添えた一文、『十住心論』巻頭に書きこまれた「一切衆生、皆これ我が四恩なり」という一文で、空海はそのことを明快に宣言しているのである。

付録

願文1――爲田少貳設先妣忌齋願文（出典：『性霊集』巻七）

恭惟、陶冶身體、二親恩重。酬報岳瀆、非佛歸誰。没馱之力、無所不為。馮之仰之、怨親猶子。神通有縁、悲願無極。利樂抜濟、不憚身倦。汪汪之徳、言絶思断、之矣。

伏惟、先妣田中氏、婦徳畎茂桃林、母儀芬馥蘭苑。所冀竭告面於芥劫、何圖害芝玉於露朝。嗚呼痛哉、酷裂罪苦。弟子等、呑火飲鴆、不記斗建。漏鐘如矢、周忌忽臨。其徳厚深、欲報罔極。

是以、大同二年仲春十一日、恭圖繪千手千眼大悲菩薩、並四攝八供養摩訶薩埵等一十三尊、幷奉寫妙法蓮華經一部八軸、般若心經二軸。兼掃洒荒庭、聊設齋席、潔修香華、供養諸尊。

伏願、傾此徳海、潤洗煢魂、褰妄霧以覩大日、懐智鏡以照實相。法之不思議、用之無窮盡、福延現親、壽考光寵。

臣子有善、必奉諸尊、廻此勝福、奉酬聖朝。金輪常轉、十善弥新、春宮瓊枝、宰輔百工、共竭忠義、福履綏之。

五類提婆、十方數生、同飽一味之法食、等遊一如之宮殿。

願文2――為式部笠丞願文（出典：『性霊集』巻六）

恭聞、我性自覺満空、海滯化身救世。遍界塵墨、盲離瞻也、瞽隷記也。狂乗牛名道、泣駕鱗稱易。近而難覩、高而易感。澄鏡則天佑響應、濁染則鬼殺雪滅。其源也則大日得名、大悲也則觀音立號。擎寶瓶而施財寶之無盡、懐十利於稱名、超萬劫於誦言。大士神力、誰能名矣。

昔我先考、失禾千里、褰帷一州。遊覧之次、忽覩一塊桃材。問之土人、答曰、有人擬造十一面觀音像。伐採此木、未就功業、不幸而殞。先考愍彼逝者、奉造此像、不日而功畢。弟子仲守、續拝此境、乍覩先人之遺跡。物能感人、誰耐哽泣。

謹以弘仁六年十月十五日、墾田一町、永奉燈分料。慧燈星懸、癡暗雲巻、智光朗月、覺威爀日。

伏乞、藉此善行、奉翊四恩、優遊覺苑、放曠禪林。毛鱗角冠、蹄履尾裙、有情非情、動物植物、同鑑平等之佛性、忽證不二之大衍。

第二章

「即身成仏」とは何か？

——「父母所生の身において、速かに大覚位を証す」

1 「即身成仏」の義を求めて

「即身成仏」という言葉なら聞いたことがある、と言う読者は多いと思う。その「即身成仏」の、本家本元は空海だということも、空海ファンならご存知だろう。確かに空海には、『即身成仏義』という著作がある。文字通り、「即身成仏」をテーマにし、「即身成仏」の意味を解き明かした文章である。漢文で書かれていて読むのは難しい、ましてや仏教専門語で埋め尽くされている文章を理解することはさらに難しい。しかし、思うほど長くはない。小著だと言ってもよい。

しかし、空海の著作はすべてそうなのだが、原本は中国唐代の漢語で書かれている。小著とは言え、今の時代の日本人にすらすら読めるような代物ではない。専門家であっても読みあぐねている。失礼な言い方だが、『即身成仏義』は今ではほとんど化石化したテキストになっているのだ。

現代日本語への翻訳もいろいろと試されてはいる。しかし、唐代密教の専門語を身に纏う文章は、たとえ現在の日本語に翻訳されたとしてもチンプンカンプンであることに変わりはない。プロの密教僧を自認する方は日本にも少なからずいる。そのプロに「即身成仏」の意味を尋ねても、胸にストンと落ちるほどに分かったと思える答えは返ってこない。

しかし、「即身成仏」という漢字四字の文字面の意味は単純明快、どこにも難しいところはない。文字通りに読めばよい。「身《み》に即して仏《ぶつ》と成る」ということだ。重要な点は「即身」の二字にある。今生きているこの自分のからだそのものにおいて、ということだ。不思議なことだが、「成仏」を死ぬことだと思っている人は案外多い。死ぬことが成仏なら、だれでもいつかは即身成仏していることになる。そんな当たり前のことを空海が考えているはずがない。ましてや書くはずはない。

日本の伝統的修行法に「石子詰《いしこづめ》」というものがある。地面に穴を掘り、我が身をそのなかに入れて文字通り石子詰めにして断食する荒行である。そのような現生の死を意志的に選ぶ修法は「自死」の一つの形態であると喝破したのは、『自死の日本史』の著者であり、大学時代にわたしの同僚であったフランス人モーリス・パンゲさんであった。

「自死」とは自らの意志に従って、よりよく生きるために死を選ぶ行為であり、人間本来の自由意志の発現である、とパンゲさんは言う。同感であり、わたしに異論はない。しかし、そのような死を賭した苦行が、「即身成仏」と呼ばれていることは、そしてそれが空海の「即身成仏」思想の実践であると言われるならば、わたしには受け容れがたい。「即身成仏」が文字通り「身に即して仏と成る」ことであり、石子詰めの「自死」が「即身成仏」の実践であると理解されることに異論はないが、空海の趣旨とは違う。なぜなら空海の「即身成仏」は、繰り返される我が身の「死」の無限の反復の成果として「成仏」を説く、菩薩仏教の過激な観念的妄想への堕落に対する批判であるからだ。

それは死ぬことが即ち「成仏」であるという、とんでもない誤解を現に生む原因となっている。死ぬことはすべての生命体にとって避けることのできない宿命である。そのことを踏まえて、空海は「即身成仏」を説く。空海の言う「成仏」とは自由の境地に立つことであり、死の妄想と恐怖から解放された境地を目指すものなのである。

人は生物である限り、いつかは必ず死ぬ。どれほど豊かな生活をし、医学が進歩して長寿が実現したとしても、生物である以上、わたしたち一人一人のいのちはいつかは燃え尽きる。それは人間だけに限られることではない。生きとし生けるもの、動物も植物もすべての生物は生まれた以上、いつかは死を迎える。

そして、わたしたちのいのちを支える身体は物質世界に戻ってゆく。それを「五大に帰す」と言う。「五大」とは「地水火風空」、すなわちわたしたちを取り巻く物質的世界そのものであり、わたしたちのいのちの物質的な拠り所となるものでもある。「五大に帰す」とは、いのちを生み、わたしたちが生きているしばらくのあいだ、そのいのちの拠り所であった物質世界に再び戻ることである。「五大に帰す」とは、そういう意味では、そのいのちの源泉に戻ることなのだ。

そうであっても、わが身の死を受け容れ、それを覚悟することは難しい。現在のわたしたちの死生観のなかに、そのような「五大に帰す」という観念は埋め込まれていない。「生」ばかりが価値あるものとされ、「死」は厭うべきものとされる。できれば永遠に生きたいと願う人もいるようだ。しかし、永遠に我が身を生かし続けることは誰にもできない。百歳の長寿を全うしようとも、人は必ずいつかは「五大に帰す」運命にある。それはいのちの源泉に還ることなのだ。「死」は「生」を支える連鎖の不可欠の支えなのだ。

フランスの哲学者ベルクソンがうまいことを言っている。生物（人も生物である）の身体は、いのちを、一つの個体から別の個体に伝える懸け橋のようなものである、と。先の世代から次の世代へと伝えられ、いのちは綿々と続く、とベルクソンは言う。現代生物学の知見によれば、わたしの生命を支える身体は生まれ死すとも、生命の本体である遺伝子は雌雄の交配によって新しい生命体に手渡される。それはまさに、仏教の説く「輪廻転生」の現実の姿であろう。

人は生きている以上、必ず死ぬ。自分のものだと思っているこのわたしのいのちも、振り返れば父母から恵まれたもの。そして、わたしのいのちは結婚によって次の世代に伝えられる。わたしに固有のいのちなどはどこにもない。先の世代から受け取り、次の世代に手渡してゆく、このいのちの連鎖こそがいのちの実像なのである。

個別化されたわたしのいのちは、ほんの短い時間の預かりものなのだ。自分独りのいのちに固執する意味がどこにあるのだろうか。世代から世代へと受け渡されてゆくいのちの持続こそ「生きる」ということのほんとうの意味なのではないだろうか。仏教すなわち釈尊の教えとはそのようないのちの有り様を直視せよということではないだろうか。

空海の「即身成仏」思想は、ひとの、いや生きているものすべての、死を肯定的に受け入れ、個別の身体の死にまつわる不安を精神的に乗り越えようとするものだ。ひとの一生は短い期間に限られているとしても、その短い時間のあいだに、そのいのちを輝かせよ、と空海は説いている。

いのちを輝かせること、それは仏教的比喩で言えばブッダとなることを意味している。いのちを輝かせるとは、釈尊のように我が身の完全な消滅、すなわち「涅槃《ニルヴァーナ》」を受け容れることを意味している。「ニルヴァーナ」とは、完全なる消滅のことだ。

インド人である釈尊は、四生を輪廻転生する現実の生命活動を凝視し、それを踏まえて生きるとは何かを説いた。永遠に繰り返されるとされる輪廻転生からの脱却こそが、生死の苦しみからの解放であり、静かな望ましい生き方だと釈尊は考えた。輪廻転生の苦しみは生きることへの執着に起因する。その執着から脱却すれば、輪廻転生からも脱却できる。生きることの喜びは今ここにある。現生のなかにこそある。前世も来世も夢のようにはかない妄想である。来るべき死を恐れて、前世を妄想し、来世に執着するよりも、現在の今ここにある現生を生きよ、釈尊はそれを飽くことなく説いている。前世と来世の幻影を捨てよ。そうすれば「ニルヴァーナ」は目の前に実現される。ニルヴァーナとはこの個別の人生を肯定することである。前世という、あるいは来世という、夢幻の完全な滅却である。その真実に気付けば、あなたはこの今ある生の愛しくも輝かしいいのちの輝きに包まれるであろう、とすべてを放擲し遊行する人生のなかで釈尊は説き続けている。

空海の「即身成仏」思想は、単なる宗教儀礼を根拠づけるものではない。「密教」を掲げる宗派の狭い押入れの片隅に祭り上げ、仕舞い込まれていてよいものではない。現在を生きるわたしたちには何の役にも立たない、そんな過去の遺物でもない。それは、わたしたちの生きる今にあって、わたしたちを勇気付け、わたしたちの生き方を導く指針になるものだ、とわたしは考えている。生きることの意味を示し、いのちの輝きを持続させる指針となるものである。

釈尊を「我が師」と仰ぐ空海の思想は、仏教の根源に棹差す思想である。『即身成仏義』は、その仏教の根底にある生命思想を踏まえ、それを新しい言葉で表現している。その上で、今ここにある苦しみに満ちた、あるいはそう思えるかもしれない現生を、インドの太陽神ビルシャナ仏の輝かしい生命世界に転じるための秘訣を説こうとしているのだ。

そのような思いを抱きながら、空海の『即身成仏義』を一つの思想的課題としてわたしが取り組むようになってから既に十年余の歳月が過ぎた。本章は、空海思想に思いを巡らしたその十余年のささやかなわたしの報告書である。

2 『菩提心論』を読む――「即身成仏」の予備的考察

「即身成仏」という成句が漢訳経典に初めて現れるのは、空海の師であった恵果の、そのまた師にあたるインド僧、不空金剛（インド名はアモーガ・ヴァジュラ）の書いた『菩提心論』という著作においてである。調べてみると実はもう一本、『勝軍不動明王四十八使者秘密成就儀軌』（不空・遍智訳と記載されている）という儀軌《ぎき》経典にも出ているが、空海の『請来目録』にこの儀軌経典は記載されていない。中国偽経の臭いがするが詳細は不明である。

それに加えてこれも不空訳を称する『如意宝珠転輪秘密現身成仏金輪呪王経』というや

やこしいタイトルの経典にも出ている。しかし、これは日本で作成された紛れも無い偽経である。既に江戸時代の学僧浄厳《じょうごん》がそのことを指摘している。日本でも偽経が制作されているとは驚きだが、偽物作りは「弘法大師」の『御遺告』を代表として、中世以降決して少なくない。御用心、御用心ということであろうか。

その二本を除けば、「即身成仏」の四字が書かれているのは、不空金剛の書いた『菩提心論』だけである。『菩提心論』は略称で、その正式のタイトルは『金剛頂瑜伽中発阿耨多羅三藐三菩提心論』という長たらしいものだ。最後に「論」とあるから、厳密な意味では経典ではない。論書、つまり生身の個人が書いた仏教の理論書である。

この『菩提心論』も偽経だと言う人がいるが、『貞元録』に記載されているものを偽経と言うわけにはゆかないだろう。『貞元録』は正式には『貞元新定釈経目録』といい、唐の貞元十六年(八〇〇)に上進された経典の目録だ。空海が一年の短い留学生活を送った西明寺に住する円照という学僧が編纂した最も新しい国家公認の経典目録である。空海は西明寺に入住してすぐにも、この『貞元録』を披見したであろう。空海が西明寺に入ったのは、『貞元録』が完成されたときより四年後、唐貞元二十一年(八〇五)二月のことである。『請来目録』にも記載され、空海の手元にはその写本があった。

本書には余り似合わない煩瑣な考証を行ったが、そのついでに『菩提心論』のタイトルについても多少の解説を加えておこう。「金剛頂瑜伽中」とは、『菩提心論』が「金剛頂経」系の瑜伽《ゆが》を説く論書であることを示している。「瑜伽」とは「ヨーガ」(yoga)の音訳語で、一般的には「結合」を意味している。仏教では、仏教尊格との精神的「結合」を言う用語である。ヨーガを体操の一種だと思っている人もいるだろうが、本来的には宗教的な精神状態を整え、維持するための精神的所作であって、修行者の意識のなかに思念される尊格との結合を目的としている修行法である。

それに続く「発阿耨多羅三藐三菩提」は「発」を除けば漢字で書かれているけれどもサンスクリットの語句を漢字音で写しとったものだ。「阿耨多羅」は「アヌッタラ」(anuttara)の漢字音写で、「この上ない」とか「至上の」という意味の形容詞だ。それに続く「三藐三菩提」も「サミャク・サンボーディ」(samyak-saṃbodhi)の漢字音写で「正しく完全な覚醒」を意味する。最後の「心」だけは意訳語で、「こころ」を意味している。サンスクリット原文では「チッタ」(citta)だ。

題目全体を現代日本語に翻訳すれば、「金剛頂経のヨーガの法によって、この上なく正しい覚醒を求める心についての論」ということになろうか。これから後は、略称の『菩提心論』をもっぱら用いることにする。

ところで、この『菩提心論』が不空の書いた論書であることは間違いのないところだが、なぜか、空海は『即身成仏義』のなかでは、「龍猛菩薩」を作者としている。「龍猛菩薩」というのは、密教の主尊である毘盧遮那仏、つまりヴィローチャナ・ブッダ(virocana-buddha)から数えて三番目の密教伝承者とされている人物である。実際には、菩薩仏教の基礎理論を構築したナーガールジュナ(Nagārjuna)に擬せられる実在の人物である。漢訳名で「龍樹」とも呼ばれている人物と同じだ。

そのナーガールジュナは、仏教を「空」の理論によって再構築した、古代インドを代表する哲学者である。西暦二世紀から三世紀半ば頃に生きていた人物である。なぜ、空海がそのように「龍猛菩薩」を、つまりナーガールジュナを、『菩提心論』の著者に擬したのか。空海が『菩提心論』の本当の著者は不空金剛であることを知らない訳はない。ある種の権威付けと言えば言えるであろう。

しかしわたしは、空海が『菩提心論』の源流を、仏教史の奥深く、菩薩仏教の原点まで遡らせるための意図的な作意であると考えている。すなわち『即身成仏義』の根源をナーガールジュナの基礎理論まで遡らせることを表明しているのではないかと考えている。そうであるなら、『即身成仏義』は、空海独自の言葉で表現された空海仏教の基礎理論であると見なすこともできるだろう。

『菩提心論』は「龍猛菩薩」ことナーガールジュナの精神を継承する不空金剛の論書であ

ることによって、空海にとっては菩薩仏教の正統に根ざす理論と見なされる。さらに、『菩提心論』はその名称にあるとおり「経」ではなく、「論」である。ナーガールジュナの著作も経典ではなく、論書である。『菩提心論』がナーガールジュナの源流まで遡る、そして菩薩仏教の正統に属する論書であることを空海は主張しているのだ。そして実際にも、空海の『即身成仏義』はナーガールジュナの中観思想に根ざす、空海でなければ書けなかった画期的な仏教理論の書なのである。

どのような意味でそうであるのか？　そのことを次に考えてみたい。『即身成仏義』の冒頭の序文中には、次のような『菩提心論』からの引用がある。原文と読み下し文で次に引用する。原文は章末にもあるので参照されたい。

真言法中、即身成仏故、是説三摩地法、於諸教中、闕而不書。

真言《マントラ》の法のなかに、「即身成仏」とあるが故に、この三摩地《サマーディ》の法を説くものである。諸々の教えのなかには、闕《か》けて書すことなし。

簡潔な文面なのだが、初めてこの種の漢文を見る読者は戸惑うかもしれない。「真言の法」だの、「即身成仏」だの、「三摩地」だの専門用語ばかりで組み立てられた文だ。わかりやすくそれをなぞってみれば次のようになろう。

マントラを説く法のなかに、「即身成仏」ということが書かれている。「マントラ」(mantra)の法であるから、これは「サマーディ」(samādhi)の方法を説くものである。しかし、この「即身成仏」というものは、仏教修行者のために説くものであって、菩薩仏教を説く普通の経典(例えば『法華経』や『華厳経』など)には、どこにも書かれていない。

空海が『菩提心論』の一節を引用しながら、このように「即身成仏」を位置づけているのには理由がある。

『即身成仏義』は、修行者のための著作である。言い換えればプロ向けの修行指南書であり、その修行を支える原理論を叙述するものだ。菩薩仏教の趣旨を説くものではなく、修行という実践的方法の理論的根拠を説くものである。日本では密教修行の方法論は、中世以降「事相《じそう》」と呼ばれる範疇に括《くく》られてきた。それに対して、説法や理論に関するものは「教相」という範疇に含まれる。「教相」は広く開かれているが、「事相」は閉じられている。つまり、「密教」の師資相承の暗闇のなかに「事相」は秘められてきたのである。

日本では中世以降、「密教」修行の方法、つまり「事相」は師資相承の秘法であるとされ、師匠から弟子に直接、そして密かに伝授されるべきものとされてきた。その結果、マントラはプロ集団に独占され、権威は別としても、その本来の存在理由を失う原因ともなり、後世に密教が「秘密の教え」とされる原因ともなった。

現在でもこの日本独自の伝統は、かなり儀礼化されているとはいえ、同じ中世的様態のまま継承されている。しかし、この「事相」と「教相」の分離によって、密教の秘密性が正当化された結果、「密教」の伝統は固定化され、時には歪曲されて「密教」の隠蔽と堕落が始まるのである。それは後にも見るように、『即身成仏義』に紛れ込む竄入テクストに明らかに現れているとわたしは考えている。

さらにもう一つ、本章を読むための予備的知識として、「マントラ」についても、簡単に説明しておきたい。「マントラ」はもうすっかり日本の宗教生活のなかに融け込んでいる。例えば、仏前の読経や寺社の参拝などでも必ず「マントラ」は読まれている。「マントラ」が「真言」と訳されたので、その意味を「真理の言葉」だと誤解している人は案外多い。そのように解説する専門家もいる。しかし、「マントラ」は、「真理の言葉」ではない。「マントラ」の本来的な意味は「念誦の道具」である。

「密教」の修行ではマントラの読誦が中核的な位置を占めているのは周知の通りだ。そのマントラと似たものに「陀羅尼」つまり「ダーラニー」(dhāraṇī) がある。元来の意味は

「堅持するためのもの」である。こころを堅持するためのものだ。だから漢語では「総持」とも意訳されている。ダーラニーがやや長く、マントラは短い、という形式的な違いもある。中国仏教史的観点から言えば、ダーラニーは古く、マントラは新参者であるが、インドでは両者とも古くから使われていた。要するに、サマーディ（瞑想）の対象となる尊格を礼讃する言葉を、その尊格の名称あるいは形容句に凝縮したものがマントラである。冒頭には、インド伝統の聖句「オーン」(oṃ) が冠せられる。さらに凝縮されて最終的には、象徴的な梵字一字で表現されるマントラもある。空海好みの人には身近な『理趣経』のなかで唱えられるマントラはすべて梵字一字である。梵字一字のマントラは、特に「ビージャ」（植物の種子を意味する語）と名付けられ、種字《しゅじ》真言《しんごん》と言われている。

基礎的な予備知識の解説はここまでにして、話を『即身成仏義』に戻す。

「即身成仏」の語は、空海が知り得た経典と儀軌のなかではただ一つ、不空訳『菩提心論』だけに見られることは先に述べた。そればかりか、文中に「即身成仏」の成句を載せる論書は、この『菩提心論』以外にはない。その意味では、『菩提心論』は文字通り空前絶後の特別な論書である。

『菩提心論』は不空金剛がそれを書かなければ存在していない論書である。だから、正規の経典類の片隅に置かれ、見落とされていても不思議ではない。しかし、目立たないが最新の論書であった。この目立たない最新の論書を空海は見逃さなかった。さすがに「弘仁のモダニスト」は、新しいものを見逃すことはない。その結果、日本仏教史は大きく転換され、深化されたのである。不空金剛において「即身成仏」の思想が芽を吹き、空海はその思想を日本に定着させ、大きく育て上げたのである。

そこでしばらく、読者とともに、『菩提心論』の序文に注目してみたいと思う。そこに何が書かれているかを知ることは、空海の「即身成仏」思想を理解するためにはどうしても必要なことだからである。

『菩提心論』は次のように書き出されている。簡単に見られるテクストではないので、例外的にまず原文を出し、その読み下し文を添える。

大広智阿闍梨云。
若有上根上智之人、不楽外道二乗法、有大度量勇鋭無惑者、宜修仏乗。
当発如是心、我今志求阿耨多羅三藐三菩提、不求余果。

大広智阿闍梨、云わく。

若し上根上智の人有りて、外道二乗の法を楽しまず、大度量を有して勇鋭無惑の者は、宜しく仏乗を修むべし。当《まさ》にかくの如き心を発すべし。我は今、阿耨多羅三藐三菩提を志し求めて、余果を求めず、と。

冒頭にある「大広智阿闍梨云」という書き出しに登場する「大広智阿闍梨」とは不空金剛を指している。先に指摘しておいたように『菩提心論』は、題目の後に「奉詔訳」と書かれているように翻訳経典の体裁をとりつつ、不空金剛が菩薩仏教の修行の最新の方法を手短かにまとめた覚え書きなのである。本文の初めに、その翻訳者である当の本人が出てきて「大広智阿闍梨云わく」などと書きつけたりすることは、正規の経典ではあり得ない。先にも指摘したように、『菩提心論』にしか書かれることのなかった「即身成仏」という四文字とそれが内包する思想に、空海は注目した。『即身成仏義』というタイトル、それは不空金剛訳の『菩提心論』にしか書かれていない「即身成仏」をそのままタイトルに取り込んだものだ。こうして見ると、『菩提心論』において不空金剛の教えの核心を見出している空海が、より鮮明に浮かびあがってくるだろう。空海は不空金剛の弟子であることを高らかに宣言しているのだ。

「大広智阿闍梨云」に続く文意を、試みに現代日本語に翻訳してみれば次のようになる。

優れた素質を持ち、優れた知恵を有する人は、間違った道を歩む「二乗」、つまり釈尊の教えを直接聞いた「声聞《しょうもん》」やその後になって自ら悟りを開いたという「独覚《どくかく》」の教えに満足することなく、大きな勇気を奮って迷うことなく、必ずブッダの教えそのものに従って修行すべきである。ブッダの教えとはまさに、この上なく優れた菩提心を真剣に追求し、それ以外のものを目指すことはない、とまず初めに誓うことだ。

「菩提心」を起こすことが、まず最初に求められる。それがすべての始まりである。序章の図式(三二頁)に示したように「菩提心」を起こすこと、つまり「発菩提心」がすべての出発点なのだ。不空金剛はそれを言った後に、それでは「菩提心」とは何かを説いている。さらにその後に、不空金剛は「菩提心」を発するにはどうすればよいか、その方法論に移る。そして次のように宣言する。空海が『即身成仏義』で引用する箇所である。

唯真言法中、即身成仏故、是故説三摩地於諸教中、闕而不言。

ただ真言の法のなかに、即身成仏〔を説く〕。それ故に、諸教のなかに三摩地《サマーディ》を説くも、〔真言の法は〕闕けて言《かた》らず。

「即身成仏」とは、マントラを唱える修法を基盤とする。サマーディ（瞑想）は仏道修行の基本形である。ブッダの修行の基本形であり、それ故にすべての仏教経典がそれを説いている。しかし、それらの経典にも、マントラの修法は説かれていない、と不空金剛は言う。歴史的にはダーラニー読誦の形で既に出現していたのだが、不空金剛はそれを言わない。言わないが踏まえている。しかし、ダーラニーとマントラを明確に区別することを忘れない。ダーラニーは声に出して何万回も尊格の名を唱えるところにまで先鋭化されていない、と言うのであろうか。マントラもダーラニーも声に出して唱える。その点では少しも変わらない。しかし不空金剛はマントラに専心し、マントラを繰り返し口に出して唱えよ、と言う。それが不空金剛の主張するマントラ修法であった。

静座瞑想に終始するサマーディ型修行が静的であるのに対して、マントラ修法の独自な点は、それが激しい身体行動を伴っていることだ。不空金剛が言いたいのはその静と動の違いであろう。例えば、青年時の空海自身が修したと伝承される「虚空蔵菩薩求聞持の法」は、虚空像菩薩のマントラを百万回も唱えるといういのちを賭けた身体的荒行であったことを思い出せばよい。

ちなみに、虚空蔵菩薩は、夜明けに東の空に現れる天文現象、「明けの明星」を尊格として捉えたものである。太陽神である「大日如来」の光明を分有する尊格であると言えるだろう。

若き日のマントラ修行の体験と入唐留学で得た新知見、すなわち不空金剛のマントラ修法の理論を一句に煮詰めたもの、それが空海の「即身成仏」理論である。わが身に即して自らを仏と成す。その「即身成仏」という四字は、唯一、不空金剛の『菩提心論』だけに、ただ一度だけ書かれている。文字通り稀有のその一句を捉えて、空海は「即身成仏」の理論を展開するのである。

それでは、「即身成仏」とは、どのような理論なのであろうか。そのことについて空海は、『菩提心論』の最後に書かれている偈《げ》を引用して次のように叙べている。


若人求仏恵、通達菩提心、父母所生身、速証大覚位。

もし人、仏恵《ぶつて》を求めて、菩提心に通達すれば、父母所生の身に、速《すみや》かに大覚位を証す。

実に簡潔、実に明瞭な文面だ。これを空海が長安で初めて披見したとき、全身に稲妻が走ったのではないかとわたしは想像する。空海がこの一文を時には秘めやかに、時には繰り返し朗々と読み上げる場面がわたしの眼前に鮮やかに浮かんでくる。難しい所はどこにもない。一句五字、それを四句連ねただけの、わずか二十字。それが空海が見つけた『菩提心論』の核心を喝破する文言である。空海は『菩提心論』冒頭の一句と最後のこの偈が『菩提心論』の要諦を表現していると理解したにちがいない。

それはさておき、次にこの偈をもう少し丁寧に読み解いてみよう。難しい漢字はない。文面は明快である。それを現代日本語に訳してみよう。

もし人がブッダの知恵を求め、菩提心を極めようと努力するならば、
両親から生まれたその身体において、速やかに大いなる悟りを得ることができる。

修行の目標も、修行によって得られる成果も鮮明に表出されている。出発点は「菩提心」、到着点は「大覚位」、両者がここでは直結されている。この短い偈に込められた不空金剛の思想の、そしてそれを継承しようとする空海の思想の、要点は二つある。一つは「菩提心」、もう一つは「父母所生身」である。

「菩提心」、この語は日本人には、それを受け入れる受け入れないの違いはあっても、ごく身近な言葉であっただろう。あっただろう、と過去形で書いたのは、日本の近代化以降、この語は急速に日本思想の背景に押しやられ、現在ではすっかり忘れられているようにわたしには思えるからである。

「菩提心」の故郷はインドだ。インドでは「ボーディ・チッタ」(bodhi-citta) と言われ、それが中国で「菩提心」と漢訳され、そしてそのまま漢訳仏教経典に乗って日本に渡る。「菩提」は音訳語、「心」は意訳語、その二つが連結されて「菩提心」となる。

「ボーディ」は、サンスクリットで「目覚める」ことを意味する動詞語根「ブッド」(budh) から派生した名詞で「目覚め」を意味する語であることは、先にも説明した。インドでは仏教に限らず他の宗教でも使われるが、東アジアではもっぱら仏教の専門用語である。動詞語根「ブッド」から派生する語に「ブッダ」(buddha) がある。「ブッダ」は動詞語根から派生する完了分詞で「目覚めた」という意味だ。そのまま名詞化されて「目覚めた人」を指す。漢語では「仏陀」あるいはそれをさらに簡略にして「仏」一字で音訳される。「ボーディ」も「ブッダ」も語根「ブッド」から派生した「目覚め」を意味する語の、現在と完了の様態を指し示す語である。

「ブッダ」とは、先に説明したように、「目覚めた人」を意味している。日本を含む東アジアでは、もっぱら仏教用語として、特に仏教の開祖釈尊、つまり「シャーキヤ・ムニ」(Śākya-muni)を、そして菩薩仏教時代にはシャーキヤ・ムニを理念化した多くのブッダたちの呼称となる。シャーキヤ・ムニとは「釈迦族の尊者」というほどの意味である。ちなみに、「菩薩」は、インドで「ボーディ・サットヴァ」(bodhi-sattva)と呼ばれる菩薩仏教の実践者を呼ぶ名称である。「目覚めを求めて修行する人」のことである。

次に、「菩提心」の後半部分「チッタ」(citta)は、精神的活動の主体としてのこころを意味しており、漢語では「心」(「シン」と読む)と意訳される。同じ「心」と訳される語に、「フリダヤ」(hṛdaya)があるが、こちらは身体器官としての「心臓」を指している。転じて「最も大切なもの」の比喩としても使われる。『般若心経』のなかに見える「心」はこの「フリダヤ」であって、「チッタ」ではない。混同しないように注意して頂きたい。

この二つの語、「ボーディ」と「チッタ」を繋ぐと「ボーディ・チッタ」となり、漢訳経典ではほとんど常に「菩提心」と訳される。

さて、その「菩提心」について、先に引用した『菩提心論』の偈は「若人求仏恵、通達菩提心」と語る。先に示した現代語訳を参考にしてもらえればよいが、要するに、あなたがブッダの知恵(=悟り)を求めて、「菩提心」を追求すれば、「父母所生身」、つまり両親の生み育ててくれたあなたのその身体において「速やかに菩提を得ることができる」、と言うのだ。それも「速証大覚位」と書かれているように、たちまちのうちに、「菩提」の境地を得ることができる、と不空金剛は説いている。

以上が「即身成仏」という語の誕生秘話である。

わたしたちは言うまでもなく、父母所生の身体しか持ち合わせていない。ブッダと言えども、ボーディ・サットヴァと言えども、それは同じだ。当たり前のことではないか、それをいまさら言挙げして何になるのか？　そう思う読者もあろう。だから仏教は古臭いのだ、と反論する向きもあろう。

今でこそそう言えるかもしれないのだが、仏教の歴史には、おそらくそれは釈尊の思いに反していると思うのだが、奇妙な韜晦《とうかい》が次々と出現し蓄積されてきた。菩薩仏教が広範に受容され、その修行者が増えるに連れて、仏教の専門家を自認し、僧院に籠ってひたすらに釈尊の言葉を理解しようと努力する人々が生まれていた。「僧院」とか、その「僧院」に籠ることは、どの宗教にも見られるが、それと同じ現象である。しかし、イエスが僧院に籠ったという話は聞かない。釈尊もまた遊行の一生を貫徹する。ブッダもイエスも、常に遊行を事とし、その遊行のなかで、自分の周りに集ってくる人々に自らの経験を語り、自らの精神の解放を語り続けた。

だから、「僧院」自体がブッダの思想と行動に反することであったはずなのだ。制度と化した宗教思想は多くの場合「僧院」という閉鎖空間を創り出し、そのなかで観念の熱を異常に高めてゆく。「僧院」とは、原子のエネルギーを封じ込める原子炉のような、思想の過剰な増殖装置だと言えばよいだろうか。ベルクソンの言うとおり、「常識」と「良識」を捨てた思想の、閉鎖空間での純粋増殖ほど危険なものはない。

それを父母所生の身体に取り戻さなければならない。多くの宗教改革はその試みであったろう。普通に暮らしている人間たちの世界に、常識と良識が働く生活の現場に戻さなければ、宗教は求められている「衆生救済」の務めを果たすことはできない。隗《かい》より始めよ、僧院の熱に浮かされないようにわたしも気を付けよう。そして、空海の現場に立ち、空海の生の声から『即身成仏義』の本旨を聞き出すことにしよう。

さてここで、『即身成仏義』の本文に戻れば、その冒頭は次のような問答から解き起こされている。ここからは『即身成仏義』の本文を辿りながら進むことになる。読者は章末に掲載する『即身成仏義』の校訂版テクストを随時参照しながら、この後の記述を読み進めていただきたい。『即身成仏義』は、次のような問答から始まる。

問曰、諸経論中、皆説三劫成仏。今建立即身成仏義、有何憑據。

問うて曰く、諸《もろもろ》の経と論の中には、皆、「三劫《さんごう》成仏」を説く。今、「即身成仏」の義を建立するに、何の憑據《ひょうきょ》や有る。

読み下し文で文意はほぼ理解して頂けると思うが、念のため次に現代日本語訳を添えておく。

お尋ねします。あれこれ多くの経典や論書には、どれも皆、「三劫成仏」を説いています。今あなたが、「即身成仏」の義を立てようとするに当って、その根拠となるものは何かあるのですか？

ここで少し立ち止まって、カッコ書きで原文のまま転写した「三劫成仏」をもう少しわかりやすく解説しておかなければならない。「三劫成仏」は「即身成仏」に真っ向から対立する概念であって、先に指摘したような僧院の典型的産物である。過熱状態の、従ってまた火遊びにも近い危険なものである。問題のすべては「三劫」にある。この「三劫」を理解しなければ「即身」も理解できない。しばらく辛抱して読み進めていただきたい。

「劫」という字の起源をインドに遡ってみれば、人間の想念のとんでもない飛躍の見本とでも言うべき、極大的な時間概念が見えてくる。読者のなかに「劫火《ごうか》」という言葉を聞いたことがある人はいるだろうか？　われわれ日本人の想像力を遥かに凌駕するインド的想像力の所産であるが、それを聞けば誰もが呆然となるに違いない。

「劫火」とは、サンスクリット原文では「カルパ・アグニ」(kalpa-agni)という語句の漢訳語で、「劫」(カルパ)は音訳字、「火」(アグニ)は意訳字である。その「劫」すなわち「カルパ」は、古代インド人の心にわだかまる終末論的な大事件を思い出させる語だ。

今わたしたちが生きているこの世界はいつかは終わる。「劫火」とは、その世界の終わりを告げる宇宙論的大火である。星雲が凝縮し、そのエネルギーの凝縮の極限において爆発して、超新星が生まれるという現代天文学が描き出すイメージにどこか似ている。その爆発の後には骸《むくろ》となった超新星が残り、やがてブラックホールとなって姿を消し、そこから新しい宇宙の再生がゆっくりと始まる。「劫火」とはそのような宇宙の大爆発だと思えばわかりやすい。

その「劫」は、サンスクリットの「カルパ」(kalpa)の一字音訳語として仏教経典に頻出する。「阿含経《あごん》」と総称される初期仏典の漢訳版では、この「カルパ」は「劫波《こうは》」と音訳されていた。もうお分かりだと思うが、「劫」は「劫波」を短縮した漢訳経典での慣用語なのである。理解が難しいのはそのことではなく、「劫波」なり「劫」なりが意味している事柄である。ごく大雑把に言えば、「劫」とは「古代インドにおける最長の時間単位」(『岩波仏教辞典』)であるが、最長と言っても半端なものではない。

阿含経典の補遺版にあたる『増阿含経』という経典集に出ている比喩がわかりやすいので、それを紹介しておこう。

「四方と高さが一由荀《ゆじゅん》(由荀とは牛に車をつけて一日行程の距離で約七キロメートル)の鉄の城があり、その中に芥子《けし》をいっぱいに詰め込む。百年に一度、一粒の芥子を持ち出すとして、すべての芥子がなくなるまでの時間、それが「カルパ」だ。おそらく、現代の宇宙論が想定しているビッグバンによる宇宙生成から現在に至る期間をはるかに超える、人類の想い描いた史上最長の時間単位だろう。

古代インド人が想像した宇宙生成から消滅までには四段階の階梯がある。その各段階に一劫が割り当てられる。「劫火」とは、その四つの「劫」のうち、世界を一度すっかり焼き滅ぼす第三の劫の終わりを告げる宇宙論的大火の期間である。ちなみに、「劫火」の燃え尽きた後がどうなるかと言えば、「空劫《くうこう》」という何も存在しない「劫」があるらしいのだ。インド風ブラックホールだと思えばよい。その「劫」が終わればようやく世界の生成が再び始まる。この世界再生の劫を「成劫《せいこう》」と言う。一生百年に満たない寿命しか与えられていないわたしたちにとっては、気の遠くなるどころの話ではない。
「三劫成仏」とはその「劫」の三倍、この世界が「劫火」で消え失せ、再生するまでの期間に等しい長い長い修行を経なければ「成仏」できない、あるいはしない、ということだ。もしそうなら仏教はいったい何のためにあるのか、と誰もが反論したくなる。空海もまた「三劫成仏」は御免蒙りたいと思ったかどうか、筆者も知りたいところだが、不空金剛の説く「即身成仏」の新説に飛びついたところを見れば、どうやらそうであったのであろう。
しかし、今まで通用している「三劫成仏」の説を捨てて、まったくそれを逆転させるような「即身成仏」の教義を打ち立てるに当たっては、やはりそれを支える根拠が必要だ。それも仏教経典のなかにその根拠があれば言うことなしだ。空海はどう対処したのか？先の「諸経論中、皆説三劫成仏。今建立即身成仏義、有何憑據」という問いに、空海がどのように答えているかを見てみよう。

答、秘密蔵中、如来如是説。

答えて言う、秘密蔵のなかに、如来かくの如く説く。

答えは用意されていたのだ。その言うところの「秘密蔵」とは、最新請来の密教経典、特に善無畏、金剛智、不空金剛などが翻訳した密教経典を指している。その「秘密蔵」のなかに、「如来如是説」、つまり「如来」は次のように説いている、と空海は答える。その答えに対して、すぐさま次の問いが発せられる。

問、彼経説云何。

問う、かの経に説くこと、如何《いかん》?

この間髪をおかず発せられた第二の問いに対する回答がこの後に続けて引用されている。その回答は、空海が典拠とする三種の経典に応じて、三段階に分かれる。最初に来るのが「金剛頂経」系の経典、次に来るのが「大日経」系の経典、最後に来るのが不空金剛の『菩提心論』である。「金剛頂経」系と「大日経」系の二つの系統の経典から、自らの主張を裏付ける典拠を拾い出すのは、空海ならずとも誰でもすぐに思い付くことであろう。しかし、その後にダメ押しのようにして、『菩提心論』を引用することは、先にも述べたように空海だけの為し得たことである。

いずれにしろ、この短い問答のなかで、空海の回答が用意周到に組み立てられていることだけを今は確認しておきたい。そこには空海の慎重な配慮が働いている。空海の『即身成仏義』は、第一の「金剛頂経」系の典拠でもなく、第二の「大日経」系の典拠でもなく、実は他ならぬ不空金剛の『菩提心論』を唯一の根拠としている。「大日経」と「金剛頂経」で基壇を組み立て、その基壇上に不空金剛の『菩提心論』を置く。先にも見たように、『菩提心論』は、空海の考えでは不空金剛を飛び越えて、実は龍猛菩薩（＝ナーガールジュナ）の著作である。それが空海の『即身成仏義』を支える仕組みである。

それを具体的に見るためには、『即身成仏義』冒頭の問答に引用されている経文のすべてを、仔細に検討しなければならない。しかしその前に、そもそもの問題が立ちふさがっている。それは『即身成仏義』の冒頭の問答に引用される経文は、すべて空海が選んだものなのか？　あるいは、後世の『即身成仏義』を研究した誰かが書き入れたメモが混入したものではないのか？

わたしの得た結論は、後者である。そうであれば、まず最初に本文校訂の作業が不可欠である。わたしは長い時間をかけてそれを試みた。校訂のプロセスは専門的であり、煩瑣であるので、本書でそのプロセスは示すことはできないし、その必要もなかろう。結果だけを章末に校訂試案として掲げておく。以下の議論は、その校訂試案のテクストに基づいている。

『即身成仏義』冒頭の問答は次のように続けられる。「かの経に説くこと如何?」に答えて空海は次のように答える。

　金剛頂経説、修此三昧者、現証仏菩提。

「金剛頂経」に、この「三昧」を修する者は、現に仏の菩提を証する、と説いている。

　この「修此三昧者、現証仏菩提」は空海自身の言葉である。それに続けて、空海は次の文を引用する。『請来目録』にも記載されている不空金剛訳の『成就妙法蓮華経王瑜伽観智儀軌』の冒頭部に見られる偈の一部である。

　若能依此勝義修　現世得成無上覚

若し能くこの勝義に依って修すれば、現生において無上の覚を成《じょう》ずることを得《う》。

特に難解な文面ではないだろうが、現代語訳を示しておこう。

もしこの経典に説かれている優れた方法で修行すれば、現生において無上の覚りを成就することができるだろう。

重要なポイントは、言うまでもなく、「現生において」というところにある。悟りを開くまでに無限に長い修行を繰り返さなければならないとされていたことに対比してみれば、この「現生において」は、何とも言えないほど身にしみてうれしい福音ではないだろうか。「金剛頂経」系の経典からの引用の後には、「大日経」系の経典からの、同じように短い偈の一節が引用されている。その引用文はこの後に示すことにして、『大日経』とは何かを解説しておこう。『大日経』は略称で、具名は先にも記したように『大毘盧遮那成仏神変加持経』と言う。金剛智よりも早く唐に来て、密教経典の翻訳に多大の足跡を残したインド僧善無畏《シュバカラシンハ》が、中国の僧一行《いちぎょう》の補佐を受けながら漢訳した長大にして、もっとも完備された密教経典である。

なお、善無畏のインド名はシュバカラ・シンハ（Śubhakara-siṃha、六三七―七三五）であり、直訳すれば「幸運を呼ぶライオン」という意味である。ライオンは畏れる者のない百獣の王であるから、「善無畏」という漢名で呼ばれたのであろう。それはともかく、『大日経』は、空海が入唐前の早い時期に、おそらくはかの有名な「虚空蔵求聞持法」の難行を成就した前後には、解読しようと必死の思いで挑んだ最初の密教経典であっただろう。構成も訳文もみごとな、「密教」経典の王と呼ぶにふさわしい経典である。

何度も読み返したに違いない『大日経』から、空海は一カ所を『即身成仏義』の支えとして引き出す。まずは、空海が引用した本文をお見せしよう。

不捨於此身、逮得神境通、
遊歩大空位、而成身秘密。

この身を捨てずして、神境通を得るに逮《およ》ぶ。
大空位に遊歩して、身秘密を成《じょう》ず。

現代語に訳すれば次のようになろう。

持って生まれた身体を捨てることなく、神々の世界に入ることができる。大いなる空《くう》の世界に入って、［我が］身体の奥深い秘密を我がものとすることができる。

『大日経』の第三章「悉地出現品」（修行の完成の出現を説く章）から抽出された四句の偈である。この引用の要点は、第一句の「不捨於此身」と、第四句の「身秘密」にあろうかと思う。

この「此身」は、いま現に我がいのちを支えている身体を言う。その「秘密」とはなんだろう。「密教」の観点から見ればいのちの神秘は「身口意《しんくい》」の三つの秘かな働きによって表現される。なかでも「身秘密」はいのちを支える大黒柱であろう。空海も「虚空蔵菩薩求聞持法」を修するとき、その苦行の極限において輝き出る「身秘密」を我が身において体験したに違いない。

この地点に立って、もう一度、『菩提心論』から引用された四句の偈を思い出して頂きたい。

若人求仏恵、通達菩提心、父母所生身、速証大覚位

今まで見てきた、「金剛頂経」系経典と「大日経」系経典からの引用文には現れていなかったもの、つまり「此身」と「身秘密」を隔てていた距離を一挙に縮めてくれるもの、「此身」即「身秘密」をわが身において実現してくれる鍵となるものが、ここで姿を現す。その鍵となるものは他ならぬ「菩提心」である。

「即身成仏」の義は、これらの予備的考察の上に展開されることになる。そのことを、空海は次のように明言している。

依如是等教理証文、成立此義。

これらの教理証文に依りて、この義を成立す。

ここまではよいのだが、『定本全集』所載の本文には、それに続けて「如是経論字義差別云何」つまり「これらの経論の文字や意味に差別があるのはどうしてか?」という、摩訶不思議な一文が挿入されている。『定本全集』所載の序文に字義の差別があるのは事実だが、それをこの場で持ち出す方が、どうしたのかとかえって聞きたくなる。文の流れは、この一文を飛び越えて、次の「頌曰」に続いているはずなのだ。

この一文は、序文のなかに字義差別があるという事実を指摘している点では、正しいのだが、それは空海のせいではない。ということは、ずっと後になって、伝承されてきた『即身成仏義』の本文を見て、その字義差別に気付いた人が、そのことをメモ風に書き入れたものとすれば、合点《がてん》がゆく。章末の校訂版本文では、このおかしな一文を括弧の中に入れて記録しておくことにした。


話を空海が新たに提示する「頌《じゅ》」に戻すことにしよう。経文のなかに秘めごとのように語られていた「即身成仏」という真実を、空海は自らが作成した頌で誰の目にも見えるようにしようとする。経典や論書に書かれた言葉はおぼろで、暗示的で、表現も互いに異なっている。しかし、それは表面上のことであって、その根底には菩薩仏教の長い歴史のなかに秘められていた真実が隠されている。それを取り出して、新しい言葉で空海は明示的に語ろうしているのだ。

「頌」とは、「偈頌」とも言われ、単に「偈」とも呼ばれている文章のスタイルである。厳密に言えば、「偈」はサンスクリットの「ガーター」(gāthā) の音訳語「偈陀《げだ》」の最初の一字をとった略称であり、「頌」は「ガーター」の意味を踏まえた意訳字である。その

「ガーター」とはインドの定型詩文を指している。漢訳経典では五字あるいは七字の定型の対句を基本単位として翻訳される。唐代の中国詩文が定型である点はよく似ているのだが、経典では漢詩に求められる韻律規則に従うことは求められない。単に字数だけが定型の要請を満たしていればよい。

空海がここで示す「頌」は一句七字、四句を一つの単位として構成されている。その四句の単位が二つ、つまり全体で八句からなる。一七一頁の原文を参照されたい。本書ではこれ以降、『即身成仏義』所載の八句のこの定型文全体を「即身成仏頌」と呼び、前半の四句を「即身頌」、後半の四句を「成仏頌」と名付けて区別する。それ以外の経典等からの引用は「偈」として、空海の「頌」とは区別する。

さてその「即身成仏頌」を掲げて、空海は何を語ろうとしているのか? 結論から先に言えば、「即身成仏」の本義を示そうとしているのだ。しかし、「即身成仏」の本義を示すこの頌は、わたしには長い間、理解できなかった。長い間といっても、実を言えばたかだか十五年ほどのことだ。空海の研究を始めようとして、わたしは五十歳のとき、五カ月ほど高野山にある高野山大学密教文化研究所に客員研究員の資格で籍を置いた。そのときから数えての年数が十五年というだけのことである。高野山での研究報告書として、わたしは『空海入門――弘仁のモダニスト』をちくま新書の一冊として世に送った。十五年というのは、そのときから数えてほぼ十五年、ということだ。今では、先に提示した問い、空海は「即身成仏頌」で何を語ろうしているのかという問いに、自信を持って答えることができる。それを確信したところで、わたしは本書の執筆を始めた。

空海の語ろうとしていることは、空海自身が青年期以降、必死で求めてきた菩薩仏教の精髄を「即身成仏」の四字に要約し、それを八句の「頌」で同時代の人々に、なかでも特に空海が「金剛子」と呼ぶ自分の弟子たちに示すことだ。多くの経典を読み続け、「虚空蔵求聞持法」の命がけの苦行を重ね、さらには長安に留学して求め続けた「源《みなもと》」、つまり菩薩仏教の根源を、そして空海自身の実存の根源を、生きとし生けるものすべての生命体を支える「いのち」の根源を、「即身成仏」の四字に凝縮して空海は説き明かそうとしているのだ。

「字義差別」(文字の違いとその意味の違いを「字義差別」と言う)に翻弄され、道に迷い、生死を繰り返しながら心を安んじることができない人々、そのような人々のなかにかつての空海自身もいた。輪廻転生の境界から脱却することのできない人々、そのなかで空海ももがいていた。自分も含めてその人々に、生きとし生けるものすべてに、「即身成仏」の義を空海は簡潔な一篇の「頌」に凝縮して示そうとしているのである。

空海は菩薩仏教の精髄を「即身成仏」の四字によってつかみ取ろうとしている。「即身成仏」という言葉は、不空金剛の『菩提心論』において初めて姿を現すものであるとしても、従ってその時までは幾万字という経典の背後に封じ込められていたとしても、そのようにさまざまに異なった言葉ですべての仏教経典は、今開示されようとしている「即身成仏」の義を語り続けてきた。しかし、不空金剛の『菩提心論』において「即身成仏」が顕現されたのだから、その「即身成仏」でブッダの教えを要約することができるのではないか。そのことを、空海は試みようとしているのである。そのことを一句七字、総《すべ》て八句の「頌」に託そうとしているのだ、とわたしは思い至ったのである。

3 「即身成仏頌」の校訂

その「即身成仏頌」の原文と、読み下し文を示しておこう。

六大無礙常瑜伽　四種曼荼各不離
三密加持速疾顕　重重帝網名即身　（以上「即身頌」）

法然具足薩般若　心数心王過刹塵
各具五智無際智　円鏡力故実覚智　（以上「成仏頌」）

六大、無礙《むげ》にして常に瑜伽《ゆが》たり。四種の曼荼《まんだ》、各々離れず。
三密加持すれば速疾に顕わる。重々たる帝網《たいもう》、名付けて即身。
法然《ほうねん》具足するは薩般若《さつはんにゃ》。心数・心王、刹塵《せつじん》に過ぐ。
各々に五智・無際智を具す。円鏡の力ゆえに、実覚の智なり。

告白するが、初めてこの「即身成仏頌」を読んだとき、と言うより見たとき、わたしの脳裏に具体的な意味やイメージは何も浮かんでこなかった。そもそもどのように読むのかさえわからなかった。文字は読めても、それが何を意味しているかは長い間、ほとんどわからなかった。自慢じゃないが、今はすべてわかる。どの文字も、その文字が包み込んでいるものをわたしに惜しみなく手渡してくれる。

わたしの前で躍動している文字も、本書の読者には何も語らない沈黙の言葉であるかもしれない。どうすれば、わたしは読者に、この文字が語ろうとしていることを伝えられるのだろうか？　文字の解読は、それに数倍、数十倍の文字を積み重ねることによってしかできない。しかしそれでは元の木阿弥だ。何とか必要最小限の言葉で、この五十六文字の世界に至る道筋を見つけ出したい、それがわたしの切なる願いである。

ところで、この「即身成仏頌」の直後に、空海は「釈曰」という二文字を置いて、彼自身の解説を、まずは弟子たちのためであっただろう、それに加えてわたしや本書の読者のような後世の者にも、試みている。

「即身成仏頌」の釈文は、『定本全集』所載の現行本では、三千字を優に超す漢字で書かれている。追加的な経典からの引用も多く、それが読者を難渋させる。しかし、その大半は実は空海が書いたものではない、とわたしは考えるに至った。代々の『即身成仏義』の読者が付け加えていったに違いない覚え書きや、関連する経文の記録であったものなどが、空海の書いた釈文のなかに紛れ込んでいるのだ。それらの竄入テクスト群を「偽釈」と名付けておきたい。それらを判別しながら空海の釈文の本来の姿を復元することは容易な作業ではない。確定するには、なお多くの検討が、そしてそのための時間が必要である。本書では本章の末尾に掲載する校訂私案版の『即身成仏義』をベースにして読み進めてゆくことにする。

空海の釈文は次のように書き出されている。

「この二頌八句は以て即身成仏の四字を歎す」。解説は無用だろうが、四句で一頌、全体で二頌であることが、冒頭に予告されている。その二頌合せて「即身成仏」四字に込められたものを説明することが予告されているのだ。

次に、「即ちこの四字は無辺の義を含む」と空海は続ける。この「四字」とは言うまでもなく「即身成仏」の四字である。それが「無辺」の意味を含んでいる、と空海は言うのだ。

その後に「一切の仏法、この一句を出でず」と続く文は、人の意表を衝く言葉だろう。仏法のすべて、すなわち仏教経典に説かれていることの一切は、「即身成仏」の四字一句に凝縮されている、と空海は言うのだ。だから、「即身成仏」の義をしっかり理解すれば、ブッダの教えをまるごとつかんだのと同じことだ、と言う。「一切仏法不出此《いっさいぶっぽうふしゅっし》一句《いっく》」、さりげなく書いているように見えるが、すごいことを空海は平然として言い放っているのだ。すべての仏の教えは、この「即身成仏」の一句を出ない、と空海は宣言する。

「故に略して両頌を樹《た》て、無辺の徳を顕す」とは、先の「一切の仏法、この一句を出でず」を踏まえつつ、そうであるから『即身成仏義』の二つの頌によって、ブッダの教えの汲めども尽きぬ意味を明らかにしたい、と空海は続ける。空海自身が「両頌を立て」と書いているのだから、二つの頌を別々に解説するということも、当然のこととして含意されているであろう。

ここまでを要約しておけば、「釈して曰く」で始まる『即身成仏義』の解説の手順と方法を、空海は「釈」を始める前に予め読者に明示していることがわかる。そのことからも分かるように、空海の文章は明快な論理によって構築されている。先にも見たとおり空海は「両頌を樹て」と書いているのだが、その両頌は並び立つ二本の柱のように、確たる構成と精緻な論理によって互いにしっかりと支え合っているのだ。

わたしが先に指摘した「擬釈」の類は、『即身成仏義』という揺るぎない大樹に絡みつき、その明快な文章構成を隠して見えなくしている。その結果、『即身成仏義』の「釈」は、現行本では筋のよく見えない難解なというよりも、雑草の生い茂る不可解な文章になっている。

以下、空海の書いた「釈」の文面を逐次的に読み解くことから始めようと思う。その「釈」は次のように始まる。原文と読み下し文で示す。

頌文分二。初一頌歎即身二字、次一頌歎成仏両字。

頌の文を二に分つ。初めの一頌は「即身」の二字を、次の一頌は「成仏」の二字を歎す。

解説は不要だろう。前半の一頌とは「六大無礙常瑜伽」から「重重帝網名即身」までの四句である。それは、この頌が、二つの頌から成っているということ、各頌は個別にはそれぞれ「即身」と「成仏」という二つのことがらを説くものであることを説明しているだけだ。この二つの頌が並び立つことで『即身成仏義』という論書は成立する。

「即身成仏頌」の構成を大きく二分した後、空海はさらに「即身頌」と「成仏頌」のそれぞれの内容を、さらに四つに区分けして次のように書いている。

初中又四。初一句体、二相、三用、四無礙。
後頌中有四。初挙法仏、次表無数、三顕輪円、後出所由。

初めの〔「即身頌」の〕なかに、また四〔句有り〕。初めの一句は体、二は相、三は用、四は無礙なり。
後の〔成仏〕頌のなかにも四〔句〕あり。初めに法仏を挙げ、次に無数を表わし、三に輪円を顕わし、後には所由を出《いだ》す。

「即身頌」と「成仏頌」で主題化される事柄が、書物の目次のようにきちんと同じ形式で紹介されているのであるが、その簡潔な目次によって、「即身成仏頌」のテーマが予め示されていることは、読む側からすれば大変ありがたい。それぞれのテーマを示す用語が、具体的に何を意味しているかまでの理解に届くものでないことは空海自身も承知している。ただ、それぞれの句が、それぞれ一つずつ、「即身成仏」の論を成立させる不可欠の要素であることが、従ってそれぞれの句で主題となるテーマを忘れることなくしっかりと記憶しておくことが、読者には求められているのだ。

それらのテーマを確認しておこう。「即身頌」で言えば、体・相・用・無礙の四つ、「成仏頌」で言えば、法仏・無数・輪円・所由の四つである。「即身頌」の初めの三項だけが一字で示されているが、後はすべて二字句である。一字で示された「体・相・用」を、敢えて二字句に言い換えてみれば、「実体・形相・作用」となろうか。ギリシア哲学の用語を借りれば、「質料・形相・関係」と言い換えてもよい。そのように言い換えてみれば、ここに書かれた合計八つのキーワードは、かなりはっきりとしたイメージを読者の脳裏に喚起するのではないだろうか。

しかし念のため、もともと二字句で示された爾余の五個のキーワードが何を意味しているかを確認しておこう。まず「即身頌」の第四句に書かれていた「無礙《むげ》」。「無礙」とは、日本語でも定着している「融通無碍《ゆうづうむげ》」ということである。「碍」と「礙」は、異なる字だが同じ音、同じ意味だ。

次に「成仏頌」の各項目を列記すれば「法仏」、「無数」、「輪円」、「所由」である。最初の「法仏」は密教の専門用語である。文字面をいくら見ていても、一向に何のことかはわからない。次の「無数」、「輪円」、「所由」も、後に解説するように専門用語であるが、文字面の意味はすぐにわかる。今は、「法仏」についてだけ、必要最小限の解説をしておきたい。

この「法仏」は、日本の「密教」史千二百年を通じて多くの学問僧・修行僧などによって多種多様な解釈がなされ、その解釈の厖大な蓄積の結果、空海の意図するところはかえって不分明になっている。ここでもやはりサンスクリットに戻って考えるべきであろう。「法仏」はもう少しわかりやすい密教タームに置き換えれば「法身仏」、つまり「ダルマ・カーヤ・ブッダ」(dharma-kāya-buddha) ということだ。その意味するところは「ダルマを身体とするブッダ」、もっと簡単に言えば「ダルマそのものであるブッダ」ということになる。しかし、そもそも「ダルマ」とは何か？　これも思い切って簡単に言い直せば、この世界を形成するもののすべて、ということだ。『即身成仏義』の冒頭に書かれている

「六大」と内包する意味は同じである。その全体世界を一つのブッダとして顕現させれば、そこに現れるのが法身仏つまりダルマ・カーヤ・ブッダなのである。

「法仏」あるいは「法身仏」と漢訳されているブッダについては、古来『即身成仏義』の解釈の主要テーマとされ、人それぞれにそれぞれの解釈が行われてきたことは先に指摘しておいた。わたしに言わせればさまざまな衣装が、着せ替え人形のように代わる代わるこの語に着せられてきたのだ。その結果、万華鏡を見るように不思議なキラメキをこの「法身仏」という語は発しているのだが、その実態は万華鏡に映し出される幻影の終わることなき変化《へんげ》にも似て、まことに捉え難い。

『即身成仏義』の本文校訂の必要性が特に感じられるのも、この「成仏頌」の初句「法仏」に関する釈文の箇所である。現行本『即身成仏義』の本文のうち、「法仏」に関する「釈」の部分には、空海ではない、後世の学問僧が加重してきた、わたしの言うところの擬釈が山となって堆積している。つまり、空海その人が書いたのではない釈文が現行本の『即身成仏義』には多く含まれているのだ。その結果、「成仏頌」の本来の釈文の均衡を破り、現行本のテクストは「法仏」の解説書のような態を成していて、読者を困惑させる。

ここまでのところを整理しておこう。『即身成仏義』という空海の著作は、「即身成仏」

という理念を菩薩仏教の中心に据えることを宣言している。そしてその「即身成仏」の意味を、空海は最新の密教経典から厳選された典拠に拠りつつ、空海自身が新たに草した「即身成仏頌」として定着させようとしている。「即身成仏頌」を提示し、その意味内容を解釈することが『即身成仏義』という論書の目的なのだ。

その解釈部分は、空海の書いたものだけを取り出せば、字数にして四百字ほどにすぎない。要するに『即身成仏義』という書物は、「即身成仏頌」を挟んで、序文に当たる箇所では「即身成仏」という思想の典拠を示し、後半では「即身成仏頌」を解説するという構成になっている。

その「釈」のなかに、空海ではない別人の釈文や注文が多く混入していることは、先にも指摘したとおりだ。それをわたしは「擬釈」と名付けておいた。空海の書いた釈文ではないということだ。そのような擬釈の混入は空海の「即身成仏頌」の全体にわたることではない。おもしろいことに、その擬釈が繁茂しているのは、第一句「六大無礙常瑜伽」と第三句「三密加持速疾顕」の二句にほぼ限定される。

その他にも、鼠入と疑われるものはあるが、数は少なく、内容も限定的だ。しかし、「即身頌」の第一句と第三句の釈文部分に見られる擬釈の繁茂が『即身成仏義』の解読を混乱させ、その理解を必要以上に困難なものにしているという事実は動かない。

擬釈であるかどうかの判断の根拠は、学術論文ならば個別に論証し、論拠も明示しなければならないだろうが、それを本書で行うことはできないし、その必要もなかろう。本書では校訂版の試案だけを章末に示すことにする。しかしそれだけでも、『即身成仏義』の簡潔で、筋の通った文章構成と明快な論理展開を示すことはできるとわたしは考えている。

4 「即身成仏頌」を読み解く

必要最小限の準備は整ったので、「即身成仏頌」八句の解読に進みたい。空海の釈文に沿って、解説を加えるので、必要な場合は随時、章末の校訂私案の本文を参照していただきたい。

「即身頌」第一句は「六大無礙常瑜伽」と書かれている。まず「六大」を解釈して、空海は「六大とは五大と識である」と言う。五大とは「地・水・火・風・空」である。世界を構成する物質的要因の四大、即ち「地・水・火・風」に加えて、それらの四大を包摂している「空」を合わせて五大となる。「空」とは空間である。もう少し具体的イメージで言えば、宇宙空間である。

その五大に「識」を加えているところが注目すべき点だ。「識」とは、わたしたちの外にある物質世界を認識しているわたしたちの内的な意識である。この「識」を含めて六つの構成要素が、それぞれ個別に存在しているのではなく、常に相互渉入《しょうにゅう》している（「常瑜伽」）と空海は言う。それに、その相互渉入を妨げるものはなにもない。「無礙」であるというのだ。六大は何の妨げもなく、固定されることもなく、自由自在に相互渉入しながら運動し変化している。何が地であり、水であり、火であり、風であり、空であり、識であるかと言うことはできない。物質世界もそれを認識する意識も自由自在に変化し、流動している。

しかし、変化流動しながら、その全体は常に一つのものとして結合されている。「常瑜伽」とは六大の、その不断の相互関係あるいは相互結合を意味している。

第一句をわかりやすく言い直せば、この世界を構成している物質世界、物質を取り巻く空間、そのなかで生きながら世界を認識しているわたしたちの意識、それらのものは自由自在に変化しながら、常に一つに結合されている、ということである。わたしたちの身体も様々な物質的要素の集合体である。それが時間と空間のなかで結ばれては離れ、離れては結ばれている。個体としては生死を繰り返している。そして、そのことを意識する主体が「識」だ。「識」は「識」そのものも意識している。世界も、世界のなかにあるものも、その世界を認識している意識も常に一つに結ばれている、つまりヨーガしている、と空海は言う。

第二句「四種曼荼各不離」。文字通りに語釈すれば、四種のマンダラは、そのどれも互いに離れることはない、ということである。初句で言われた「六大無礙常瑜伽」を第二句でマンダラのイメージに転換しているのである。四種のマンダラとは、『大日経』でも『金剛頂経』でも説かれる、「法《ほう》曼荼羅」、「三昧耶《さんまや》曼荼羅」、「大《だい》曼荼羅」、「羯磨《かつま》曼荼羅」の四種のマンダラである。その四種のマンダラは、「六大無礙常瑜伽」の現実世界を仏菩薩等の諸尊によって表現した、絵画的表象である。マンダラとは、生命世界あるいは精神世界の有り様を、尊格の集合体として図絵に表現したものであるのだが、ここで言うマンダラは「六大」で構成される世界表象を精神世界に転じたものであると言えよう。

「四種曼荼各不離」とは、その四種に区分されて表象されるマンダラもバラバラにあるのではなく、互いに「不離」の関係にあるのだということを表明している。世界は不離にして一つ、それを絵画的に表象する四種のマンダラも不離にして一つ、というわけだ。序《つい》でながら、四種マンダラの数字四は、具体的に四つというのではない。四ですべてを包摂する代表数である。先の「四大」の四も同じである。

第三句に移ろう。わたしたちの世界を構成する六大も、それを描いた四種のマンダラも、

「三密加持速疾顕」である、と空海は続ける。「三密」とは「一に身密、二に語密、三に心密」であると、空海は語釈を続けている。身体と言語と精神である。続けて「加持」とは、「如来の大悲と衆生の信心」であり、「仏日の影が衆生の心水に現ずるを加」と言い、「行者の心水のよく仏日を感ずるを持」という。水に映る月のように二つであって一つであることを、比喩的に説き明かしている。

「加持」は元々はアディシュターナ（adhiṣṭhāna）の訳語で、上に立つ、支配する、などの意味を表す動詞から派生した名詞であって、「加」と「持」に二分することはできない。空海はそれを「加」と「持」に二分し、ブッダの加護と衆生の感受の一体であることの説明に転用している。言葉の魔術師としての空海の側面をうかがうことができる場面であろう。

第四句は「重々帝網名即身」、読み下せば「重々の帝網たるを即身と名づく」。仏日と衆生の心水が二して一なるものとして、「加」と「持」の関係を結びながら無限に広がっている光景を想像してみよう。その光景を「重々たる帝網」の比喩で空海はさらに捉えなおす。この世界は、ブッダの視点から見ても、衆生の視点から見ても、両者の「加」と「持」の一体性から見ようと、「帝網」のようである、と空海は言う。

ところで「帝網」とは何か？　これはやや難しい。しかし、「帝」が「帝釈天」の略称であると知れば理解は進む。菩薩仏教の視点からは「天」に類別されているが、「帝釈天」は古代インドの聖典『リグ・ヴェーダ』の主神インドラ（Indra）のことだ。東大寺三月堂にも、東寺講堂にもみごとな帝釈天の像があるから日本人には馴染みの尊格であろう。

さてそれでは、「帝網」つまり「インドラの網」とは何か？　よく知られている叙事詩『マハーバーラタ』では、神話的英雄のアルジュナ（Arjuna）が持つ武器の名である。そのほかに魔術やマジックの比喩語としても使われるらしい。しかし、空海の言う「インドラの網」はそうではない。そもそも空海に『マハーバーラタ』を読む機会はなかったであろう。空海が「帝網」に出会ったのは『華厳経』巻九「華蔵世界品」に於いてであっただろうと推測される。それに拠ると、「帝網」は帝釈天つまりインドラ神の住まう宮殿に張り巡らされている網で、その網目のすべてに宝珠が付けられていて、それらの宝珠が互いに互いを映しあっていると言うのだ。

まるでライプニッツ（ドイツの哲学者、一六四六〜一七一六）の『モナドロジー』に説かれるモナド世界を髣髴《ほうふつ》とさせる光景ではないか。ライプニッツに言わせると、モナド、つまり一つ一つの生命体から成る全体世界は互いが互いを映しあって限りがない。『華厳経』の説くインドラ神の宮殿は、ライプニッツのモナドロジーで形成される世界イメージとよく似ている。ライプニッツもインド神話を知っていたか、あるいは『華厳経』を読んでいたのかと思わせるような符合である。

それはさておき空海に戻れば、インドラ神の宮殿を飾るその「帝網」のごとくに、わたしたちの世界はすべてがすべてを互いに映し合い、照らし合っている。空海の大著『十住心論』巻九と『秘蔵宝鑰』巻下に展開される第九住心、すなわち「極無自性心」を解説しながら、空海はそこでも『華厳経』を引用しながら、「帝網」に言及している。そして「帝網」は、「一多相入、理事双通」の喩えであること、六大世界の「重重」たる様態を喩えるものだと述べている。一と多は互いに入れ子になっており、理と事（認識と認識対象）も互いに通じ合っている、その様を空海は帝釈天の網に喩えているのである。

この「帝網」の比喩は空海著作の随所に出ていることを付記しておこう。空海思想のキーワードの一つなのである。いやその一つではなく、核心そのものである。「成仏」とは、そのことを、つまりわたしたちの生きている世界は光り輝く生命世界であることを、わが身において、空海の言葉で言えば「即身」に、知ることであると空海は説いているのだ。「即身頌」の第四句「重重帝網名即身」は、『十住心論』と『秘蔵宝鑰』において展開される思想を、わずか七字一句に凝縮したものであるとも言えるだろう。そうであるなら、「即身頌」は『十住心論』、『秘蔵宝鑰』の十住心論体系の存在論的基礎作業とも見なし得るであろう。

翻って、現行本の第四句に付加された「謂ゆる身とは我身・仏身・衆生身」以下の釈文、「故に三等無礙なり。真言に曰く……」以下の釈文（『定本全集』巻三、二八—二九頁）などは、無用の長物であり、文字通りの蛇足に他ならない。そればかりか、その蛇足は『即身成仏義』の理解を混乱させるだけでなく、後世の読者を危険な獣道に誘い込む代物でしかない。この種の竄入は現行本（言い換えれば中世以降の写本）に繁茂しているのである。慎重な本文校訂が求められる所以である。やや専門的な話になったが、一例を挙げて識者の見解を乞いたい。

話を「即身成仏頌」に戻す。第五句から第八句までは「成仏頌」の釈である。全半の「即身頌」に比べれば、あまり難しいところはない。「即身頌」は、哲学的考察であったが、「成仏頌」は、その哲学的考察を踏まえての説法になっている。説法とは、「ダルマ」を説くことを意味している。「ダルマ」とは仏法である。「即身頌」の哲学を、菩薩仏教はどのような言葉で表現しているのか、それを四句に要約したものが「成仏頌」である。「即身頌」が因とすれば、「成仏頌」は果である。果であるから美味である。しかしその美味なる果実も、現代のわたしたちには難しい仏教用語の固い殻に包まれている。その美味を味わおうとすればその固い殻を割らなければならない。わたしがすることは、その殻割りの作業である。

「成仏頌」は「法然具足薩般若」の句で始まる。それに対する空海の釈文は、「成仏頌」に書かれている専門用語を注釈するだけである。まず「法然」という句は、「顕諸法自然如是」、つまり「諸法は自然《じねん》にして是《かく》の如し」ということを言っているのだ、と空海は解説している。それだけである。自分の弟子たちにはこれで充分であると思ったに違いない。しかし、これでもわたしたちには難しい。さらに読み解けば、次のようになるだろう。この世界に存在するもの（諸法）は、すべてそのあるがままに（自然）、存在しているのだ（如是）、となるだろう。

空海は続けて、「具足」とは「成就の義なり」と説き明かす。つまり、すっかり仕上がっている、ということだ。次に続けて書かれているもう一つの釈文は、「無闕少義」とあるが、このままでは意味を成さない。空海は「具足」をもう一回、別の形で解説しているのだろうか？「無闕少義」は、あるいは「無闕之義」と書かれていたのかもしれない。もしそうであるとすれば、「具足」の語釈としてはわかりやすくなる。同じ語について二つの釈を加えているのも、蛇足のような気がする。「即身頌」に比べて「成仏頌」の釈文は簡略であるから、この重複は無意味だと思われる。そうなると、先の釈文「成就の義なり」は空海の書いたものでない可能性もある。しかもその可能性は高い。校訂私案では

「無閡之義」だけを採用している。

「薩般若者梵語也」（薩般若は梵語なり）、と空海は釈を続ける。さらに続けて現行本で「古云薩云訛略」と書かれているなかの、二つ目の「云」は衍字である。校訂版からは削除した。それを除けば本来の文は「古云薩訛略」となる。古くは「薩」と音訳されたこともあった。しかし、それは「訛略」である。つまり訛って短くしたもので、正しい梵語の読み方ではない、と空海先生は指摘しているのだ。

空海は、インド僧である般若のもとで梵語《サンスクリット》を学んだ。だから自信があった。その自信を少しだけ自慢したかったのかもしれない。いずれにしろ「薩般若」の「薩」は訛略の表現ではあるが梵語である、と言っているのだ。続けて「具さには、薩羅婆枳孃曩と云う」、と空海は続けている。「薩羅婆枳孃曩」を唐音で読むとほぼ「サルバジュナーナ」となる。「薩羅婆枳孃曩」はサンスクリットの「サルヴァ・ジュニャーナ」（sarva-jñāna）を漢字音で写したものだが、漢字表記の限界はあるものの、ほぼこの字並びで原音を再現していると言える。

このあたりは、弟子たちに梵字の重要さを叩きこんでおきたい空海の意気込みが感じられるところだろう。最後にその「サルヴァ・ジュニャーナ」とは、「一切智智」だと、その意味を説明している。「一切智智」とは「すべてを智《さと》る智慧」の意味である、と書いて空海の「成仏」頌の第一句「法然具足薩般若」の釈文は終わる。

ここまで書いておいて、空海は次の「両句」をまとめて解釈する、と言う。そして、その二句も前句と同じことを表明しているのだと空海は言うのである。「成仏頌」の第六句、第七句は次のように書かれている。

心数心王過刹塵
各具五智無際智

心数《しんしゅ》と心王《しんのう》は刹塵《せつじん》を過ぐ。
各《おのおの》五智無際智を具す。

この二句に対する空海の釈文は、極めて簡略である。釈文と言えるかどうか、というくらいに簡潔である。しかし思い出していただきたい。「即身頌」において世界構成の原理論を述べた後、「成仏頌」において空海が語ろうとしているのは、「即身頌」で表現された世界をブッダの世界に写し代えるだけなのだ。だから、「成仏頌」を読むときには、わたしたちはマンダラ図像を念頭に思い描いておかなければならない。ブッダの世界を描いたマンダラを見れば、それを言葉で表現するよりも感覚的にわかりやすいはずなのだ。『請来目録』の「仏像等」の項目（『定本全集』巻一、三〇頁）に、空海は五鋪のマンダラを記載している。大悲胎蔵生の大マンダラと法マンダラと三昧耶マンダラ、金剛界の九会マンダラと八一尊大マンダラの五つである。マンダラの目録に続く解説文で、空海はマンダラの効用を次のように説いている。以下に読み下し文でそれを示す。

密蔵深玄にして翰墨に載せ難し。更に、図画を仮りて悟らざるに示す。種種の威儀、種種の印契、大悲より出でて、一《ひと》たび観《み》れば成仏す。

これを読めば、マンダラの効用は「図画を仮りて悟らざるに示す」ことにある。「密蔵深玄にして、翰墨に載せ難」いものであるが、強いてそれを目に見えるかたちで示そうとすればマンダラ図像を用いるほかに手段はない。たとえ「翰墨」に載せても、その理解はやはり難しい。「翰墨」がいくら文字を連ねようとも、それを読めない者には無用の長物だ。それに対して、「図画」は形態と色彩によって感覚に訴える。視覚があれば、「図画」は誰にでも見える。マンダラの効用は、そこにある。

もうおわかりいただけただろうと思う。「即身頌」が基礎理論であるのに対して、「成仏頌」はその理論をブッダのマンダラ世界として、今は図画ではなく文章で具体的に描き出しているだけのことである。だから、釈文も簡略、読者の脳裏にブッダの世界を描き出すマンダラを思い浮かべさせることができればそれで十分なのである。

ここでふたたび釈文に戻ってみよう。釈文は二つだけだ。

各具五智者、明一一心王心数各各有之。
無際智者、高広無数之義。

各《おのおの》五智を具《そな》うとは、一つ一つの心王心数各各《おのおの》にこれ（＝五智）を有すを明《あきらめ》るなり。
無際の智とは、高く広く無数なる〔智〕の義なり。

「各具五智」とは、一つ一つの「心王」と「心数」が、それぞれに「五智」を有しているということである。それは「無際智」と言ってもよい。その「無際智」というのは、高く広く、数えることができないほど多い。マンダラを念頭に思い描けば、空海の言うところが明らかに見えてくるだろう。「心王」「心数」とは、すべての「心」を有する者、現代風に言い換えれば「精神」とか「意識」ということになろうが、それらすべての精神、それらすべての意識はブッダの「五智」を具している、と空海は言う。

ここまで述べてきたところで、空海は最後の第八句、「円鏡力故実覚智」を解釈するにあたって、まず次のように問いかけている。あるいは自問している。「一切の諸仏は何に拠って『覚智』と呼ばれるのか?」、と。それは、と空海は答える。それは、すべての「色像」がことごとく高い台に載せられた明らかな鏡(高台明鏡)のなかに映し出されているのと同じように、如来の心には世界の在り様が明らかに映し出されているということだ。円《まど》かで明るい心の鏡が、「法界」の頂きに高く掲げられて、この世界の一切のものを「寂照」して、なんの不足も誤謬もない。そのような如来の心の円《まど》かな鏡は、すべてのブッダに備わっている。そのことを成仏頌の最後の一句、「円鏡力故実覚智」は表明しているのである。言わんとするところを理解していただきたい、と心の中で呟いて空海は『即身成仏義』の筆を擱《お》く。

「成仏頌」が言おうとしているのは、要するに「成仏」、すなわちブッダの境地に至るとは何かということである。すべての人にとってブッダに成ることが現実的に可能であることを、言い換えれば、「父母所生の身において」それが可能であることを確認したうえで、ブッダの境地とは何かを空海は説いているのである。

以上、「即身頌」と「成仏頌」を読み解いてきた。要点をまとめておこう。

第一に、物質世界を表象する「五大」に生命活動を表象する「識」、併せて「六大」が、世界の基本構造であり、その六大はインドラの網のように相互に繋がり照応している。

第二に、人は誰でも父母所生の身においてブッダとなることができる。

自分という主体（これが「識」と呼ばれているものだ）と自分がそのなかで生きている世界（「地水火風空」の五大で構成されている）は、融通無碍に結ばれて一体を成しているのであって、決して主客が対立的に向かい合っているのではない。だから、「識」は本来的に「五大」を認識しており、その「五大」は身体の活動としてある「識」を包摂している。「色即是空、空即是色」ならぬ、「五大即識、識即五大」なのである。

そのことを知れば、ブッダと同じ境地にいる自分を見出すことができるだろう、と空海は言う。『即身成仏義』は、生きて活動するわが身においてブッダと成ることの可能性を説き、それが困難なことではないことを説いているのである。

その可能性は、すでに、『菩提心論』のなかに説かれていた。空海自身が『即身成仏義』冒頭の「問答」の箇所でそれを指摘している。「若人求仏恵、通達菩提心、父母所生身、速証大覚位」が、それである。『即身成仏義』は、その経文にこめられた思想を、即身成仏の頌によって、言い換えれば「即身頌」と「成仏頌」の異なる表象平面に展開し、その意味を説き明かしたものである。

経典には種々様々の文言で説かれているけれども、それらはすべて同じことを説いている。先に引用した『菩提心論』の一句が実感的に表現するものを、もう少し論理的に分析して示せば「即身頌」と「成仏頌」のようになる。

空海の『即身成仏義』は、表面的には比喩ではなく仏教理論の基本概念を駆使して書かれているが、その基本概念を貫いて、背後から一つの強い光が射している。その光源の在り処を言えば、「父母所生身」、つまり一個の身体、わたしたちの誰もが持つ我が身体が見えてくる。現世においてはごく短い寿命しか与えられていない、父と母から生まれたこの我が身体こそ、ブッダに成ることの必須の基盤であり、唯一の根拠であると空海は言う。その大切な我が身体を捨てて「成仏」はあり得ない。それが今なお『即身成仏義』を通じて、空海が発し続けているわたしたちへのメッセージなのである。


空海の残したもう一つの注目すべき著作、空海にしか書けなかったであろう傑作が伝承されている。『般若心経秘鍵』と題された文章である。タイトルにもある通り、日本人の生活のもっとも身近な仏教経典である『般若心経』を解釈したものである。しかしその内容は幾千万を超える『般若心経』解説書の堆積をはるかに凌ぐ高い天空に、そうまるで太陽のように、今も強烈な光を放っている。その『般若心経秘鍵』の冒頭に空海は次のように書いている。

夫、仏法非遥、心中即近。
真如非外、棄身何求。
迷悟在我、則発心速至。

それ、仏法、遥かなるにあらず、心のなかに即ち近し。
真如、外なるにあらず、〈我が〉身を棄てて何《いずく》にか求めむ。
迷いと悟りは我にあり、則ち発心すれば速《すみ》やかに至らむ。

現代語に翻訳するまでもあるまい。ここに宣言されているのは、『即身成仏義』と同じことだ。『般若心経秘鍵』の序文に具体的に、実感的に宣言されている思想は、『即身成仏義』で専門的かつ論理的に展開された空海の「即身成仏」思想と少しも変わらない。「身を棄てて、何にか求めん」、この一句の発するメッセージこそ、空海思想の核心にあるものである。「迷悟は我にあり、則ち発心すれば速やかに至る」の一句に書かれているように、「身に即して仏と成る」ためには、ただ一つ欠かせない必須の条件がある。「発心」である。「発心」とは「発菩提心」のことである。「菩提心」とは、自らの心の在り様を、自らの身体のなかに宿り、その身体を生かしているいのちの在り様の真実を、知ろうとする探究心である。

知ってか知らずか、四国八十八カ所を巡礼する遍路修行者が「大師堂」の前でまず誓うのも、この「発心」の誓いである。「オン・ボーディシッタボダハダヤミ」という、日本人が聞いても今ではすぐには意味をなさないその呪文が、実は「発菩提心」の誓いの言葉である。正しくは「オーン・ボーディチッタム・ウッパーダヤーミ」(om bodhicittam utpādayāmi) と発音されるべきだ、と空海の意を体してわたしは言いたい。

その誓いの言葉の主体は「わたし」である。サンクスリットで「ウッパーダヤーミ」とは、「奮い起こす」ことを意味する動詞の一人称単数形である。それは、このマントラを口にする、一人一人の「わたし」が発する誓いの言葉なのである。空海が真言はサンスクリットで唱えるべし、と主張してから千二百年の歳月が過ぎた。その間に空海思想の真髄は見失われ、発菩提心の真言は日本語風に訛ってしまった。それとともにそれは意味不明の呪文となってしまった。

自分の唱えている呪文のような祈りの言葉が、菩提心を発することの誓いであると、どれほどの人が自覚しているか、わたしは知らない。しかし、その「発菩提心」を自ら誓うマントラは、訛ったとはいえ、毎日毎日幾千人、幾万人とも知れぬ人の口から発せられているのだ。このマントラの意味するところを知らないでは、その行為も絵に描いた餅に過ぎない。わたしたちを動かすことはできない。

『即身成仏義』は「発菩提心」を誓う一人一人の意志、あるいは決断に支えられていない限り、何の効果もない。空海自身の用いた言葉を引用すれば、それは「瓦礫」と同じである。しかし、「密教」という修行法を提唱し、その思想と実践法を空海が説いた、という歴史的事実は少しも揺るがない。空海はその著作を通じて、「瓦礫」ではない真実の言葉のなかに、自らの思想を書き残している。「発菩提心」を核とする空海の思想は、空海の『即身成仏義』の文字に托されて千二百年を生き続けてきた。今も、その文字はそれに耳傾ける人々の心を鼓舞し続けることができるに違いない。

付録『即身成仏義』の校訂本（私案）

（ここに示すのは、筆者が作成した『即身成仏義』の校訂私案である。本書に初めて提示するものである。今後、読者の批判も承りながら、補正してゆきたいと思う。【 】で括った一文は竄入テクストの一例である。これに就いては本文一三八―一三九頁を参照されたい。釈文部分に付した1等の番号は即身成仏頌の八句の識別番号である。）

問曰、諸經論中皆説三劫成佛、今建卽身成佛義、有何憑據。
答、祕密藏中、如來如是説。
問、彼經説云何。
答、金剛頂經説、修此三昧者現證佛菩提。
又云、　若能依此勝義修　現世得成無上覺
大日經云、
　不捨於此身、逮得神境通、遊歩大空位、而成身祕密。
又龍猛菩薩菩提心論説、
眞言法中卽身成佛故、是説三摩地法。於諸教中、闕而不書。

又云、
若人求佛慧、通達菩提心、父母所生身、速證大覺位。
依如是等教理證文、成立此義。【如是經論字義差別云何】
頌曰、

六大無礙常瑜伽　四種曼荼各不離
三密加持速疾顯　重重帝網名卽身
法然具足薩般若　心數心王過刹塵
各具五智無際智　圓鏡力故實覺智

釋曰、此二頌八句、以歎卽身成佛四字。卽是四字、含無邊義、一切佛法不出此一句。故、略樹兩頌、顯無邊德。頌文分二。初一頌歎卽身二字、次一頌歎成佛兩字。
初中又四。初一句體、二相、三用、四無礙。
後頌中有四。初擧法佛成佛、次表無數、三顯輪圓、後出所由。

1

謂「六大」者、五大及識。

大日經所謂、

我覺本不生、出過語言道、諸過得解脱、遠離於因緣、知空等虛空。

是其義也。「我覺」者、識大。因位名「識」、果位謂「智」。

又金剛頂經云、

諸法本不生、自性離言説、清淨無垢染、因業等虛空。

此亦同大日經。「諸法」者、謂諸心法。心王心數、其數無量。故曰「諸」。心識、名異義通。故、天親等、以三界唯心、成立唯識義。自餘同上説。

故、頌曰、「六大無礙常瑜伽」。解曰、「無礙」者、涉入自在義。「常」者、不動不壞等義。「瑜伽」者、翻云相應。相應涉入、卽是「卽」義。

2

「四種曼荼各不離」者、

大日經説、

「一切如來有三種祕密身」。謂、字・印・形像。字者法曼荼羅、印謂種種幖幟、卽三昧耶曼荼羅。形者、相好具足身、卽大曼荼羅。此三種身、各具威儀事業、是名羯磨曼荼羅。是名「四種曼荼羅」。

若依金剛頂經、説四種曼荼羅者、一大曼荼羅、二三昧耶曼荼羅、三法曼荼羅、四羯磨曼荼羅。

如是四種曼荼羅、四種智印、其數無量。一一量同虚空、彼不離此、此不離彼、猶如空光、無礙不逆。故云、「四種曼荼各不離」。「不離」、卽是「卽」義。

3

「三密加持速疾顯」者、謂「三密」者、一身密、二語密、三心密。法佛三密、甚深微細、等覺十地不能見聞、故曰「密」。一一尊等、具刹塵三密。互相加入、彼此攝持。衆生三密、亦復如是。故、名「三密加持」。若有眞言行人、觀察此義、手作印契、口誦眞言、心住三摩地、三密相應加持、故早得大悉地。「加持」者、表如來大悲、與衆生信心。佛日之影現、衆生心水、曰「加」。行者心水、能感佛日、名「持」。行者若能觀念此理趣、「三密」相應故、現身速疾顯現、證得本有三身。故名「速疾顯」。

4

「重重帝網名卽身」者、是則擧譬喩、以明諸尊刹塵三密圓融無礙。「帝網」者、因陀羅珠網也。謂「身」者、我身・佛身・衆生身、是名「身」。如是等「身」、縱横重重、如鏡中影像、燈光渉入。彼身卽是此身、此身卽是彼身。佛身卽是衆生身、衆生身卽是佛身。不同而同、不異而異。故曰、「重重帝網名卽身」。

5

「法然具足薩般若」者、言「法然」者、顯諸法自然如是。「具足」者、無闕之義。「薩般若」者、梵語也。古云「薩」者、訛略。具云「薩羅婆枳孃曩」。翻云「一切智智」。「一切智智」者、一切佛各具五智三十七智乃至刹塵智。

6、7

次兩句〔「心數心王過刹塵」、「各具五智無際智」〕、卽表此義。如此人數過刹塵。故名一切智智。「心王」者、法界體性智等。「心數」者、多一識。「各具五智」者、明一一心王心數、各各有之。「無際智」者、高廣無數之義。

8

「圓鏡力故實覺智」者、此卽出所由。一切諸佛、因何得「覺智」名。謂、如一切色像、悉現高臺明鏡之中、如來心鏡、亦復如是。圓明心鏡、高懸法界頂、寂照一切、不倒不謬。如是圓鏡、何佛不有。故曰、「圓鏡力故實覺智」。

第三章

「声字実相」とは何か?——「声字分明にして、実相顕る」

1　マントラ（真言）とは何か？

あまり知られていないことだと思うが、「真言宗」の公式認可は、空海が亡くなるわずか二カ月前、承和二年（八三五）正月二十二日のことであった。その日付けで、朝廷は真言宗年分度者三人を認可している。「年分度者」とは各宗ごとに毎年何人の僧を新しく得度させることができるか、その定員を定めたものだ。年分度者を認定されたということは、真言宗が独立した宗として認可されたことを意味している。

「得度」というのは、所定の規則に従って受戒して正式の僧になることを言う。当時は二十歳得度が標準であった。空海自身は、入唐直前に受戒しているから三十歳か三十一歳のときに得度したことになる。

その真言宗年分度者のことは、『続日本後紀』巻四、仁明天皇の承和二年正月戊辰（二十二日）の条に、次のように記録されている。

大僧都伝灯大法師位空海上表、請度真言宗年分僧三人。許之。

大僧都にして伝灯大法師の僧位にある空海が上表して、真言宗に年分僧三人を度することを請う。これを許す。

空海はその当時、僧綱《そうごう》（仏教集団を取り仕切る役所）の「大僧都《だいそうず》」の他位にあり、宗教人としては「伝灯大法師」の僧位にあった。僧綱には大僧都・小僧都の上に僧正のポストがあるのだが、それは一種の名誉職であって、実質的に僧綱を取り仕切るのは大小の僧都である。要するに、空海は当時の律令制度において宗教界トップの地位にいたのである。

空海が小僧都、次いで大僧都に勅任されたのは、淳和天皇の天長年間の初め頃であった。しかしそれでも、「真言宗」はまだ認可されてはいなかった。先に引用した記事は、真言宗に毎年三名の僧を得度させることを認可していただきたい、という空海の要請を受けて、それを朝廷が承和二年（八三五）正月二十二日付けで認可したという記録である。

年分度者三名の勅許を俟って初めて、「真言宗」は既存の宗、法相・三論・華厳・律・天台と並んで、独立した一つの宗として公認されたことになる。法相・三論・華厳・律の各宗は奈良時代から存在していたが、天台宗は最澄が唐から帰国した直後、桓武天皇が崩御する直前の延暦二十五年（八〇六）正月二十六日に認可された。それから三十年ほど後、空海最晩年に至って、「真言宗」が認可されたという経緯である。

「真言宗」の公式認可が空海示寂の直前であったことは、空海の個人史を追跡していたわたしには予想外のことだった。その事が、空海示寂のわずか二カ月前であったことを知ったとき、それは二十年前の高野山大学に滞在していたときであったが、わたしは何も言えず何も考えられず、そうだったのか、とただ天を仰いで茫然と立ちすくんだことを思い出す。

「真言宗」の公式認可は空海の死の直前であったとしても、それ以前から空海の周辺には老若の僧たちが、空海を師と仰いで集まり、空海がいた高雄山寺においては確固たる僧団が形成されていた。空海を指導者とするこのグループを、わたしは「空海僧団」と呼んでおきたい。この空海僧団は、最初の頃は高雄山寺を拠点としていた。現在の神護寺である。それは「真言宗」を育てる最初の足がかりではあったが、その時点では空海の率いる私的な僧団でしかなかった。しかしやがて、空海僧団が公的な性格を持つ教団に転換される日がやってくる。

嵯峨朝廷の最後の年、そして最澄示寂の翌年にあたる弘仁十四年（八二三）正月十九日の沙汰によって、東寺を空海に「給預」する旨の勅命が下されたのである。このことを伝える記事は同時代資料には見えない。『御遺告』に始まる中世以降の文献に記載されているだけである。従って、「給預」の文字も含めて、この事実を確認できる確かな史料は今のところ存在しない。

しかし、正史に準じるものと位置付けられている『類聚三代格』巻二に、弘仁十四年十月十日付けで「真言宗僧五十人」に関する太政官符が記録されている（『国史大系』本前篇の五五、五六頁）。弘仁十四年は嵯峨天皇から淳和天皇への譲位が行われた年であるが、この太政官符は日付から見て淳和朝廷発行のものである。

太政官符の内容は、まず第一に、真言宗僧五十人を東寺に住まわせよという勅命であった。第二には、その僧たちの学習項目の指定である。太政官符の標題に「真言宗僧五十人」と記載されているので、「真言宗」の実質的認可をこの時点に置くことはできる。しかし、それは「真言宗」の宗としての制度的な認可を意味するものではない。空海僧団が「真言宗僧」と呼ばれていただけのことだ。

ただし、『類聚三代格』の編纂は早くても平安中期までしか遡ることはできないので、その記録の文言をそのまま信じてよいかどうかは議論のあるところであろう。いずれにしろ「真言宗」が承和二年の制度的認可に向かって、その頃に動き始めたことは確かだ。

その間の経緯は、それ以後の天台・真言の対立競争によって日本宗教史の行方《ゆくえ》を決定するものであるが、今はそれに触れない。ただ確認しておきたいのは、天台宗認可が桓武天皇の意志によって為されたように、真言宗の認可が実質的な統治者であった嵯峨上皇の意向に基づいて為されたものであることだ。つまり両方ともに政治的処置であったということだ。言い換えれば、最澄にしろ、空海にしろ、天皇との個人的関係が平安時代初期の新宗派創設に深く結びついていたという事実である。その結果、空海の意図に反して、真言宗は天台宗と並んで国家の統制下に置かれ、一個の宗派として他の宗派と競い合う宿命を課されたのである。

それはともかくとして、弘仁十四年、平安京の東寺の管理全般が空海に委ねられ、東寺への入住僧が「真言宗僧」、つまり空海の弟子に限定されたという事実は確認しておいてよいだろう。それに加えて、上記の太政官符には東寺入住僧たちの学習すべき科目も規定されていた。その規定は、空海が草した、今日では「真言宗所学経律論目録」と呼ばれている文書に基づくものであった。それを次に原文の読み下し文で紹介しておこう。

その宗の学ぶべきは、一に大毗盧遮那・金剛頂等の二百余巻の経、蘇悉地《そしつじ》・蘇婆呼《そばこ》・根本部等の一百七十三巻の律、金剛頂菩提心・釈摩訶衍等十一巻の論等なり。経論目録は別に有り。

この文書に「別に有り」と記載されている「経論目録」は、現在では『真言宗所学経律論目録』と呼ばれている。内容的には、ほぼ『請来目録』の記載と重なり合うものだ。ということはつまり、『請来目録』がほぼそのままの形で、真言宗僧の教学制度の中核に据えられているということである。この事実は、空海研究において見落としてはならない点である。

ここでもう一度、真言宗年分度者三名の問題に戻る。東寺における真言僧の教育が、どのように進展したかは不明だが、ある程度の成果は得られたであろう。何よりも大きな成果は、このことによって東寺が真言宗の寺となる端緒が開かれたということにあっただろう。しかしそれが空海を喜ばせたかどうかは不明だ。不明と言うよりも、わたしの思うに、あまり喜ばしいこととは思っていなかったのではないだろうか。なぜなら、それは高野に建設を始めたばかりの修禅道場と明らかに齟齬を生じさせるものであったからだ。

それから十二年の後、自らの死を覚悟したとき、空海は東寺にではなく、高野の金剛峯寺に年分僧三名の認可を上進し、直ちに勅許されている。朝廷主導の東寺における教学が始まってから、既にして一紀十二年が経過していた。

この措置のなかに、政治や制度というものに対する空海の姿勢が見えている。生涯を貫く空海の政治との闘いは、今後の空海研究の重要なテーマであるとわたしは考えている。

公的制度というものに対峙して、時には妥協し、時には利用しながらも、それと一定の距離を置こうとする空海の姿がそこには刻まれている。しかし、本章でわたしが注目しておきたいのは、空海研究の来るべきその課題ではない。空海が申請した年分僧三名の具体的内容である。

その年分度者三名は、現在の真言宗においては「三業度人《さんごうどにん》」という言葉で伝承されている。その制度自体はとっくの昔に無効になっているにもかかわらず「三業度人」の呼称が生きていることに、わたしは他では見られない空海思想の独自性の痕跡を見る思いがする。その独自性を語る前に、まず「三業」とは何かを説明しておかなければならない。「三業」とは真言僧として得度を許される僧が、それぞれに学ぶべき三つの科目である。その三つの科目は、「金剛頂業」、「胎蔵業」、「声明業」と呼ばれていた。

「金剛頂業」が『金剛頂経』の、「胎蔵業」が『大日経』の学習科目であることはすぐにわかるだろう。空海の密教は恵果の時代に中国において確立された両部の体系を継承しているのであるから、これは当然の措置であろう。しかし、両部の体系ならば、この二つの科目で十分なはずなのだ。例えば天台宗に認可された学習科目は「止観業」と「遮那業」の二つであったことを思い起こせばよい。しかし、三つ目の科目として「声明業」の設置を空海は要求している。それは、なぜか？

第三の科目は「声明業《しょうみょうごう》」と呼ばれていた。「声明業」と聞いてすぐにその科目の学習内容がわかる読者は少ないだろう。現在の日本語では、「声明」と聞けば、僧たちが唱える音楽的パフォーマンスを誰もが思い浮かべるに違いない。しかし空海の言うところの「声明業」は、仏教音楽の学習を意味するものではない。

この「声明業」を定義した古文書が伝承されている。『定本全集』巻八に収録されている「応度真言宗年分者三人事」と題される太政官符である。そこには「声明業」の学習課題が次のように記述されている。原文は省略して、読み下し文で示す。

声明業一人
応《まさ》に、梵字の真言、大仏頂及び随求等の陀羅尼を書き、誦すべし。
右一業の人、兼ねて大孔雀明王経一部三巻を学ぶべし。

先ず第一に梵字の真言《マントラ》、次いで同じく梵字の「大仏頂」や「随求」などの陀羅尼《ダーラニー》を、書いたり誦えたりできなければならない、とある。ここで言われる「誦」とは、諳《そらんず》ること、つまり暗誦することを意味している。それに加えてさらに、「大孔雀明王経」一部三巻を学ぶことが課せられている。

「梵字の真言、大仏頂及び随求等の陀羅尼」とは、『請来目録』の「梵字」の項に記載されている四十二部四十四巻の梵字テクストを総称するものであろう。そのすべてが梵字で書かれているマントラとダーラニーだ。さらに兼学すべきものとして特記される『大孔雀明王経』三巻も『請来目録』「新訳経」の項に記載されている。『大孔雀明王経』三巻が付記された理由は不明だが、「声明業」の課題が、梵字で書かれたマントラやダーラニーの習得にあることはまちがいないだろう。

2　マントラは梵語で読むべし

特に注意したいのは、「梵字の真言」というところだ。しかし「梵字の真言」というものについて、空海がそれをどれほど重視したかを、そしてなぜそれを重視したのかを、わたしは前著『空海入門――弘仁のモダニスト』ですでに紹介している。ここでは前著の第三章第三節の「梵字テクスト――源を存つのこころ、其れ茲にあり」の一部を引用することで、「梵字の真言」の解説に代えたい。

空海の『請来目録』の際立った特徴に、梵字テクストが一つの分類項目として建てられていることをあげなければならない。「目録」では「新訳等の経」の次に「梵字真言讃等」とあるのがそれだ。「梵字テクスト」というのは、梵語（サンスクリット）で書かれたテクストを言う。つまり、漢語に翻訳されないで、インドで用いられている原文のままのテクストだ。すべてが陁羅尼《ダーラニー》、真言《マントラ》、あるいは「讃《ストートラ》」と呼ばれるもので、普通の経典とは違って、密教修行のなかで重要な役割を演じるテクスト群である。

わたしたちが知っている仏教経典はみな漢訳された経典だ。仏教はインドで生まれた宗教だから、その経典はもともとは言うまでもなくインドの言葉で書かれている。中国仏教においてはいわゆる「大乗」仏教が重要なので、それに話を限ると、「大乗」仏典はすべてサンスクリットで書かれていた。中国人はそれを漢語に翻訳し、その翻訳された経典を基に仏教を受容した。だから中国仏教の基礎はあくまでも漢訳経典である。

ところが八世紀になって密教経典が中国に本格的に導入される頃になると、翻訳上、大きな問題が生じてくる。それは、密教経典が、それまでの経典と違って教義を説くということだけでなく、修行の手続きを説くようになったからだ。しかも、密教の修行には必ず真言《マントラ》というものがついて回る。

密教的修行は身に印《ムドラー》を結び、口に真言《マントラ》を唱え、心に仏菩薩などを観想することで成立する。マントラは一種の呪文だ。呪文だから具体的な意味はないと思うかもしれないが、そうではない。明らかな意味を具えている。マントラは、修行中に観想の対象となっている尊格の名を呼び、その尊格に帰命することを誓う言葉である。例えば、虚空蔵菩薩の求聞持法では、虚空蔵菩薩の名「アーカーシャガルバ」のマントラが百万遍唱えられることになる。

観想の対象である尊格を呼び出し、語りかけるのがマントラの基本的な機能だ。尊格の名もフルネームではなく、しばしば象徴的な音節にまで還元されることもある。尊格の固有名を用いての呼びかけだから、マントラというのは翻訳できない言語であるし、翻訳しては意味をなさない。わかりやすく言えば、人の名前と同じレベルにある言葉なのである。

恋人の名を呼ぶときにその名の意味を考える人はいない。ジュリエットがロミオの名を呼ぶのは、その名を呼ぶことによってロミオの姿を目の前に呼び出すためなのだ。それと同じで、マントラも、修行者が瑜伽《ヨーガ》すべき、つまり修行者が一体となるべき尊格を眼前に呼び出すための固有の名前なのだ。従ってまた、マントラは仏教的修行の根源に結びついている。

そう考えれば、これは何も密教に限ったことではなくなる。事実、密教が本格的に導入される八世紀よりも前の段階で、既にマントラやダーラニーの翻訳をどうするかという問題は起きていた。玄奘は、それを訳さないでそのまま用いるという原則を立てていた。玄奘の言うところの「不翻」の原則だ。訳さない、というのはサンスクリットをそのまま用いるというのではなく、玄奘においてはその音を漢字の音で写すということだった。いわゆる「音訳」である。よく知られた『般若心経』の最後に唱えられる「心陁羅尼」、

羯諦《ギャテイ》羯諦《ギャテイ》波《ハ》羅《ラ》羯諦《ギャテイ》波《ハ》羅《ラ》僧《ソウ》羯諦《ギャテイ》菩提《ボウディ》薩《ソ》婆《ワ》訶《カ》

がまさにその「不翻」の例である。サンスクリットの原文はアルファベットで表記すれば

gate gate pāragate pārasaṃgate bodhi svāhā

である。音訳というのはこれを漢字の音で可能な限り正しく写そうとしたものに過ぎない。しかし、その結果、現在の日本での慣用読みは原音から大きく隔たってしまって音訳の機能すら果たしていない。

ここに出てくるサンスクリットの単語は、最後の svāhā を除き、文法的に言えばすべて「呼格」、つまり呼びかけのときに用いられる語形である。この『般若心経』の心陁羅

尼の場合にも、強いて言えば意味がないわけではないのだが、意訳したのでは呼びかけとしてのマジカルな力がそがれてしまう。だから玄奘も「不翻」の原則を維持したのだ。

中国人は漢字しか持ち合わせていないので、漢字音を使ってこのように音訳したのだが、それでも本当はどう読むのか、という問題は常に起きてくる。だから真言は面授されるべきもの、つまり阿闍梨から直接伝授されるべきものとされた。ところで八世紀中頃になると、長安を中心に、真言は音訳しないでサンスクリットのまま授け、あるいは受けるというふうに変わってくる。多くのインド僧が長安に来るようになったことの結果だと思うが、そのやり方を原則として立てたのは不空金剛である。

真言は尊格を呼び出す名称だから、音として正しく唱えなければならない。呼び出されるのはインド生まれの尊格であるから、インドの名前をそのまま使うのが一番正しいわけで、呼び出される尊格にしてもそれが一番わかりやすい。変に中国風に訛ってしまえば、間違うことだってある。そういうふうに不空金剛が考えたかどうかはわからないけれども、漢字音訳の真言ではなく梵語そのままの真言を授けるというふうに変わってきた背景には、必ずや、そういう思考が働いていたのではないだろうか。

そのことは、空海が『請来目録』のなかで梵字テクストの効用を説いている説明文からも明確に窺うことができる。その説明文を、次に現代語に訳して示しておこう。本文は

『請来目録』の「梵字真言」リストの末尾に書かれている。

仏教はインドが本源であって、西域と中国とは遠く離れている。言語は中国の音韻と異なり、また文字も中国の文字とは違う。そうであるから、翻訳を通じてその教えを受け容れたが、しかし、真言は奥深いもので、その一文字一文字の意味も深い。音が異なれば意味も異なり、しかも正確に発音するのが難しい。漢字音訳でも大体のところはわかるが、正確を期すことはできない。本源の文字である梵字をそのまま用いることの趣旨はまさにそこにあるのだ。

サンスクリットの音律は長短を基礎とする。つまりサンスクリットにおいては、母音の長短の区別は言語の基本的要素なのだ。それに対して、漢語には長短の区別がない。「梵字を使うのでなければ長短を区別することができない」というのは、そのことを言っている。例えば、虚空蔵菩薩の固有名は、先にも紹介した通り、ākāśagarbha（アーカーシャガルバ）であるが、これが漢字で音訳されると「阿《あ》迦《か》捨《しゃ》掲《げい》婆《ば》」というふうになってしまう。子音のずれは別にしても、第一音節（アー）と第二音節（カー）の長母音は漢字音では再現できない。この欠点を補うために「阿」とか「迦」の字に添え字で「引」（「延ばして発音する」の意）というような指示記号を添えるなどの表記法も開発されていたのだが、もちろん、「漢字音訳でも大体のところはわかるが、正確を期すことはできない」のである。

そのような状況を根本的に改善するには、やはり、サンスクリットをそのまま用いるのが最善の方法であろう。カタカナを用いて英語の発音を真似るよりも、英語の原綴を知り、その英語の発音を習得するのでなければ、ものの役に立たないのと同じことだ。この時代には梵字のアルファベットはシッダ・マートリカー（siddha-mātrikā）と呼ばれる字体で書かれており、そのシッダ・マートリカーの字母表（アルファベット）のことを「シッダン」（siddham）と呼び、漢字では普通「悉曇《しつだん》」という文字で表記していた（唐音では「しったん」と発音され、日本ではそれがそのまま用いられる）。

そのシッダンを知らなければマントラを正しく唱えることができない。梵字の原文をそのまま読み書きできなければ、マントラをマントラとして習得したことにはならない。それ以前には見られなかったそういう認識が八世紀以降の長安の密教指導者のあいだでは常識になっていた。不空金剛の弟子である恵果の道場では、それが厳密に行われていたらしいことは、恵果の付法の経緯を報告する空海の文に照らして間違いない。

そこには、六月上旬、胎蔵マンダラの壇に入り学法灌頂を受けた後に「胎蔵の梵字儀軌を受け諸尊の瑜伽観智を学ぶ」と記されている。そこに書かれている「胎蔵の梵字儀軌」

ということに注目していただきたい。これは梵字で書かれた「胎蔵儀軌」を意味している。その事実に対応して『請来目録』の梵字テクストを記載する箇所には、その筆頭に「梵字大毗盧舎那胎蔵大儀軌」、「梵字胎蔵曼荼羅諸尊梵名」が記載されている。

以上でわたしが「梵字テクスト」と名付けているものの概要、空海がそれを重視した理由は理解していただけたものと思う。空海が請来した新しい梵字テクストのうち、『請来目録』に記載されているのは、四十二部である。空海はそのタイトルの上にすべて「梵字」の二字を冠している（以上、『空海入門――弘仁のモダニスト』からの引用）。

空海の請来した「梵字テクスト」は密教修行にとって不可欠のものであった。なぜなら、マントラはすべて梵字テクストに即して、梵語の音で読まなければならないと空海も考えていたからだ。このことは空海自身の発案によるものではなく、不空金剛が長安で現に実践していたことを恵果が継承し、それを空海もそのまま引き継いだだけのことだ。そして、それには明確な理由があった。先ほど引用した文章にも明確に主張されているとおり、梵語でなければマントラの音節の長短を正しく表示することも、発音することもできないからだ。マントラは目で読むものではなく、声に出して唱えるものであるからだ。

確かに、古典サンスクリットでは、音節の長短は語形成の不可欠な要素の一つになっている。音律を整えるだけではない。意味を弁別するためにも音節の長短は無視できないのだ。しかし、たとえそれを間違っても日常会話において意思疎通が不可能になるというほどのものではない。日常的な会話なら、あるいは普通の文章であっても、長短の間違いは聞き手や読み手によってすぐに修正されて、理解の大きな障害とはならない。しかし、それが人の名であればどうだろう？　修正は可能でも、名前が間違って呼ばれると、何か「嫌な感じ」が聞いた人には残るのではないだろうか？　名前はその人の存在そのものと深く関わっているからだ。名前はその人のこころや精神に深く根を下ろしている。その人の存在そのものの表徴なのだ。そのことが、諸尊のマントラを梵語で正しく発音することを求めているのである。

ここであらためて、マントラとは何かということを問い直してみよう。マントラとは、いま現に自分の目前に現れている尊格に対する呼びかけの言葉である。その尊格の名を発声することで、修行者の前にその尊格は現前し、生き生きと呼吸し始めるのである。先にも比喩的に述べたように、恋する人は恋人の名を口にして、その恋人を偲ぶ。それと同じことだと思えばよい。そのとき、その恋する人のこころはひたすらにその恋人に向かい、その名は何よりも大切なものになっているだろう。名を呼べばその名はそのままに、恋人の姿を現前させてくれる。

修行者にとって、眼前に呼び出さなければならないのは、自分がそれと一体化するべき尊格である。マンダラに描かれた多くの仏菩薩がその具体的イメージだ。日本人にとって最も親しい、そして最もよく知られたブッダを挙げるとするならば、例えばそれは「阿弥陀仏《アミターバ・ブッダ》」であろう。その「阿弥陀仏」を眼前に呼び出す、最も簡単なマントラは、よく知られた「南無《ナム》阿《ア》弥《ミ》陀《ダ》仏《ブツ》」である。日本式に簡略化された形をしているけれども、マントラとしての基本構造は維持している。「南無阿弥陀仏」を梵語に戻せば、「ナマ・アミターバ・ブッダーヤ」(nama amitābha-budhāya) となろうか。こうして見れば「南無阿弥陀仏」はもっとも簡略な和製マントラなのである。

阿弥陀仏の名号を唱える念仏行者は、その意味では、マンダラ諸尊のマントラを唱える真言僧と同じだ。その点では法然や親鸞の浄土宗も密教の伝統に棹さしている。浄土宗では阿弥陀仏に一本化され、真言も「南無阿弥陀仏」に一本化されてはいるが、基本的には尊格のマントラを唱えているのである。そのことは『無量寿経』に「一向専念無量寿仏」と説かれている通りなのだ。

尊格の名を呼ぶ修行の、必須の道具がマントラである。もともとマントラは、尊格を讃嘆する長短さまざまの短句であった「ダーラニー」が、さらに縮約されたものだ。マントラの原型は、梵語で「敬礼」を意味する「ナマス」(namas) という語にある。仏教語としては「敬礼《きょうらい》」とか「帰命《きみょう》」と訳されているが、今日のインドでは「合掌して敬礼する」という意味だ。今でもインド人同士が出会えば合掌して「ナマス・テー」(namas te)と挨拶を交わす。「こんにちは」というほどの日常的な挨拶語だ。その「テー」(「あなた」)を尊格の名に変えれば、たちまちにマントラとなる。

マントラとは、尊格の名を呼び、呼び出したその尊格に敬礼することを表明する言葉である、と言えるだろう。「ナマス」という挨拶語の代わりに、インドの宗教的聖音「オーン」(oṃ)が用いられることも多い。「オーン」は日常の生活空間から聖なる宗教空間へとわたしたちを飛躍させる。さらに、呼び出された尊格の名称の後に「スヴァーハー」(svāhā)というもう一つの聖語が添えられることもある。「スヴァーハー」はキリスト教で使われる「アーメン」と同じような役割を果たしている。『般若心経』のマントラ、「ガテー・ガテー・パーラガテー・パーラサンガテー・ボーディ・スヴァーハー」にも、それが使われている。日本人が「ソワカ」と唱えている部分がそれだ。語源的に解析すれば「スヴァーハー」は su-āhā と解析されるので、「よく言われたり」というほどの意味を表す語である。

ここまでは、マントラの由来とその形式そして宗教的効用を紹介してきた。マントラは、行者の口から発せられて、行者の面前に尊格を現前化し、その尊格との一体化を図るための聖なる呪文である。尊格の名の多くは、理想化され理念化されたブッダの名称、あるいはブッダの属性を表示する形容詞（エピテート）に由来する。「密教」諸尊の多くはエピテートが名詞化されたものだ。「ビルシャナ仏」も元をただせば、ブッダを形容する修飾語「ヴィローチャナ」（「光り輝く」を意味する形容詞）であった。インドではインドラ神のエピテートであった。それが「ヴィローチャナ・ブッダ」として密教諸尊の元締め、つまり中尊としての地位を獲得し、それが中国で意訳されて「大日」（大いなる太陽）と呼ばれるようになった。しかし、元をただせば、それもブッダを呼ぶ多くの名称のうちの一つに過ぎない。

しかし、いったんその固有名詞がマントラに組み込まれれば、そのマントラは存在論的に言えば、単なる呼称であることを超えて、尊格の実存を示す実体概念となる。尊格即マントラ、マントラ即尊格の関係がそこに成立するのである。名称が尊格そのものになるのである。

3　『声字実相義』を読む

空海の論書のなかに、『即身成仏義』と並び称される『声字実相義《しょうじじつそうぎ》』という著作がある。しかし、タイトルにあるとおり、「声字即実相、実相即声字」を論じた一種の言語論である。しかし、その本文は先に読んだ『即身成仏義』をはるかに超えて難解である。わたしが本書で試みようとするのは、歴代の真言僧、特に天台宗において行われてきたと思われる解釈をいったん棚上げして、『声字実相義』が語ろうとする要旨を、ごく簡略に示しておくことでしかない。

ただし、この『声字実相義』にも、『即身成仏義』に見られるような後世の、従って空海ではない後世の人物あるいは学問僧の文章や覚え書きが、数多く紛れ込んでいる。『即身成仏義』の場合と同じように、慎重な本文校訂の上に立って『声字実相義』のテクストを確定することが、本来ならば優先的課題でなければならない。しかし、今はまだそれが十分に成されているとは言えないのが実情だ。

わたしも試みているが、いや繰り返し何度も試みてきたが、そのたびに挫折を繰り返してきた。ようやくぼんやりと輪郭が見え始めているという段階だ。『即身成仏義』と同様に、『声字実相義』の現行本（『定本全集』の本文）には、後世の人が加えたと思われる過剰な釈文が紛れ込んでいるのは間違いない。わたしが「後世の人」と言った人物を特定することはできないが、最も重要な人物は、天台宗の悉曇学僧であったように思われる。そのことだけを今は指摘しておきたい。

ところで、『声字実相義』はいつ書かれたのか？ 通説では、空海に東寺の経営が委ねられ、真言僧の教育に専念する機会と場所が与えられた後に書かれたものとされている。わたしもそれに異論はない。東寺における教学体系を示す、先にも見た『真言宗所学経律論目録』が書かれた弘仁十四年（八二八）前後の著作ということで、ほぼ間違いはなかろう。『声字実相義』本文のなかに『即身成仏義』への参照を促す文面が見られることから、空海はまず『即身成仏義』を書き、その後に『声字実相義』が書かれたというのがほぼ定説になっている。しかし、その文章はどうも、先に述べたような後世の人の書いたテクストである可能性が高いので、前後を判断する根拠にはならない。だから当面は、『即身成仏義』が『声字実相義』より先に書かれたと断定することもできない。なお検討すべき課題であると言うほかはない。

ここまでは『声字実相義』の本文と周辺の状況について簡単に説明した。これからはそのテクストそのものについて考えてゆく。随時、章末の校訂本（試案）を参照しながら読み進めていただきたい。

『即身成仏義』が、まずその論拠とする経典、特に『菩提心論』の経文を示し、その後に空海自身が制作した頌、わたしが「即身成仏頌」と名付けた頌の本文を提示し、その頌を形成する句を順番に解説してゆくという整然とした構成であったのに対して、『声字実相義』の構成はそれとは大きく異なっている。

最初に『声字実相義』という文章の構成を示す文言、つまり目次が冒頭に置かれているのである。その点では現在の書物の構成に近い。一には叙意、二には釈名体義、三には問答、とある。しかし、現行本にはどう見ても、問答に相当する文章は見当たらない。わたしの勘違いでなく、「問答」に相当する部分が本当にないとすれば、『声字実相義』は当初の計画通りには完成されていない、未完成の文章ということになろう。しかし、完成されているとするならば、この「三には問答」という項目自体が意味を成さなくなる。『声字実相義』の冒頭から、わたしの前には大きな謎が立ちはだかることになった。しかし、そこに立ち止まることもできないので、そのことは棚にあげて、先に進まなければならない。

第一の「叙意」とは、『声字実相義』で議論するテーマが何であるかを、具体的に示す箇所であり、空海の問題意識が提示されている。

第二の「釈名体義」は、二つに分かれる。その一は「釈名」、もう一つは「体義」である。その「体義」は、また二つに区分されて、初めに「引証」つまり根拠を示し、その後にその根拠の「釈」つまり解説をする。概ね、このような全体構成が示されている。

「体義」の「引証」として示されるテクストは、『大日経』巻二入漫荼羅具縁真言品からのごく短い次のような頌の一部分である。

等正覚真言　言名成立相
如因陀羅宗　諸義利成就
有増加発句　本名行相応

これに加えて、「体義」の「釈」を構成するのが空海自身の制作した、次のような頌である。

五大皆有響　十界具言語
六塵悉文字　法身是実相

この二つの頌を解説することが、『声字実相義』という空海の言語理論書なのである。『声字実相義』の冒頭に書かれている「叙意」は、重要な命題を提示している。『声字実相義』の解読に入る前に、その命題を簡単に紹介しておこう。

空海はこう書いている。ブッダの説法は必ず文字を使って行われる。文字は「六塵」をその基盤としている。「六塵」とは、色・声・香・味・触・法を総称したもので、要するに人間の感覚的・意識的認識対象の総体である。その「六塵」を認識するのが「六識」、つまり眼・耳・鼻・舌・身・意だ。この「六塵」と「六識」という概念は、『般若心経』の経文にも取り入れられているので、わたしたち日本人には馴染みのものと言えるだろう。そしてまた、空海の「声字実相」の理論が、インド仏教の理論的概念に基盤をおいていることが、そのことからも理解できるだろう。

空海が言いたいのは、その「六塵」がなく「六識」が存在しなければ、ブッダの教えもなかっただろうし、菩薩仏教が目標とする悟りというものもなかっただろうということだ。当たり前のことと言えば当たり前のことである。空海は、しかし、その当たり前のところから出発する。菩薩仏教の理論的基礎は般若思想に置かれている。その般若思想は般若経典に説かれている。その般若経典がなければ仏教の伝播もなく、わたしたちがブッダの教えを知ることもなかった。空海はまずそのことを確認している。

ところで「般若」とは何か？「般若」という漢字二字をいくら見詰めていても、そこからその意味を汲み取ることはできない。なぜなら「般若」とは梵語の「プラジュニャー」(prajñā)を漢字音で写し取っただけの音訳語であるからだ。厳密に言えば、「般若」という語はパーリ語「パンニャー」(paññā)の音訳語である。それをサンスクリットにもどせばプラジュニャー(prajñā)となる。

その語が意味しているのは「智慧」である。対象物を認知する感覚的知覚によって、わたしたちが対象物を知覚するという外的な、あるいは物質的な「知識」とは異なる、認識対象と認識主体が渾然一体となっているような智慧、それによって、無形の生命活動そのものをわたしたちは認識している。

それは、フランスの哲学者ベルクソンが「直観」(intuition)と名付けている認識に近い。近いというよりも、表現は異なっているが、それをつかみ取る言語も文字も異なっているが、同じものを指しているとわたしは考えている。「般若」とは認識主体と認識対象の渾然一体となった、内的精神の領分において成立する認識なのである。

しかし、わたしたちがその智慧を得るためには、文字や音声を介在させるしかない。文字や音声は、内なる「プラジュニャー」の、その内的直観をどのように表現しているのか、どのように人から人へと伝えるのであるか。それが空海が設定した問題である。「六塵」と言われる認識対象と「六識」という認識作用を成立させているのは「法仏の三密」であると空海は書いている。「法仏」にしろ「三密」にしろ、密教の専門用語だから、わたしたちには直ちに理解することはできない。

しかし、「法仏」という語はすでに『即身成仏義』にも出ていた「法身仏」の略称である。「法身仏」とは、「ダルマを身体とするブッダ」、すなわちわたしたちがそのなかに身をおいている実体的な生命世界そのものを支えている「ダルマ」というものを、ブッダの姿で捉え、ブッダの姿で表象したものである。

「三密」というのは典型的な「密教」タームだ。人間の生命活動を「身《しん》・口《く》・意《い》」の三要素に区分し、その三要素を一つの概念にふたたび総括した語である。三つに分けて言えば「身体」と「言語」と「意識」である。それらを総合すれば「三密」の一語になる。「法仏の三密」とは、したがって、わたしたちも含めた全体世界の表象である「法身仏」の身体と言語と意識である、と空海は言っているのである。「法身仏」とは、わたしたち一人一人の世界内実存が、「法身仏」という一者に投影され、対象的に表象されたものである。その「法身仏」の「三密」とは、わたしたちの生きている世界全体に遍く広がっている生命活動そのものの基盤である。つまり繰り返すことになるが、身体と言語と意識の具体的活動そのものである。

以上のことを踏まえたうえで、空海は次のように『声字実相義』の論を進める。

そのことを悟った者を「覚れる者」と言い、そのことを知らない者を「衆生」と言う、と。そのことを知るか知らないか、そこでわたしたちの生き様、わたしたちのいのちの在り様は、二つに分かれる。「覚れる者」とはブッダと同じ境地を指している。「衆生」とはこの世に生きるすべてのいのちある存在であるが、「覚者」の境地に達していない迷える子羊だ。そこには、もちろん、わたしたち自身も含まれる。

「覚者」と「衆生」の対概念は、菩薩仏教成立の基底に横たわる基本的枠組みだ。その対になった二つの存在様態を介在し、結び合わせようと努力する者が「菩提薩埵」すなわち「ボーディ・サットヴァ」である。覚悟を得た後に、改めて「衆生」に向き直り、「衆生」を支援しながら、覚悟へと導くことが菩薩の務めであり、菩薩仏教の使命である。

その使命を一身に担うのが個々の菩薩であるとしても、その背後にはその活動の指標となり、その活動を鼓舞する「ブッダ」がいる。「ブッダ」になること「成仏」が菩薩仏教の最終目標であることは、すでに第二章で説明したとおりである。そのような「ブッダ」の存在が、菩薩仏教の理想を実現するための指標として、経典にはさまざまに描かれている。マンダラ図像は、それら多くの「ブッダ」たちを整理して、わたしたちにわかりやすく表現してくれている。しかし、それら多くの尊格は一つの理想の多様な表現でしかない。『華厳経』が説く「一即多、多即一」の論理によって、マンダラに登場する尊格群は、中尊ビルシャナ・ブッダへと収斂される。それと同時に、ビルシャナ・ブッダはふたたびマンダラに描かれる多くの、理念的には無限数の、諸尊へと展開される。その「ヴィローチャナ・ブッダ」への収束とそれからの展開こそが、わたしたちを「覚り」の境地に導く運動なのだ。

その「一即多、多即一」の限りなく続く運動を、空海は「帰趣」という。「帰趣」とはなんと心を騒がせる言葉ではないか。「帰趣」とは、ひらたく言えば「帰りゆく道筋」である。その帰りゆく道の帰りゆく目標地点を、『声字実相義』のなかで空海は「帰趣之本《もと》」と呼んでいる。帰りゆくこころの故郷とでも言うべきか。その「帰趣」は、「名教に非ざれば立たず」、と空海は続ける。「名教」とは、「言語によって明示された教え」であり、具体的にはブッダの説法であり、それを文字に移した経典である。

仏法とは説法であれ、経典であれ、その「帰趣」を示すもの、それ以外の何ものでもない。そこまで述べてきた空海は、続けて次のように書いている。この箇所は原文を引用しておきたい。

名教之興、非声字不成。
声字分明、而実相顕。
所謂声字実相者、即是法仏平等之三密、衆生本有之曼荼也。

名教の興り、声字にあらざれば成《じょう》ぜず。
声字分明にして、実相顕わる。
謂うところの「声字実相」とは、即ちこれ法仏平等の三密、衆生本有の曼荼なり。

いくつかの仏教専門用語を除けば、文意を捉えるのは難しくはないであろう。『声字実相義』の文面に、と言うよりも紙面にと言うべきであろう、その紙面に闖入《ちんにゅう》している他者の文字群の喧騒に比べれば、空海の言葉の何と清澄であることか。

最初の一文、「名教之興、非声字不成」は特に解説を要しないだろう。ブッダの教えは音声と文字がなければ成り立たない、ということだ。それに続く次の文、「声字分明にして、実相顕わる」も特に難しいところはない。ただ「実相」というタームには注意してほしい。

「実相」とは何か？　単にものごとの実際の有り様ではない。自分一個の実存の相でもない。わたしたちが生きているこの世界のなかで、主客一体のものとして、わたしたちはいのちの全体を生きている。わたしのいのちのそのような真実の在り様、それが空海の言う「実相」である。「悟り」と言われ、「成仏」と言われている精神的境地のなかに、新しく見えてくる自分の姿、そして自分を包み込む生命世界の姿、それを一つに合わせたものが、「実相」という一語に込められている。

第三の行文は、空海が『声字実相義』において語ろうとする「声字実相」の意味を解き明かす一文である。そこに書かれている「仏平等の三密」や「衆生本有の曼荼」というところは、多くの読者にはチンプンカンプンの呪文のように聞えるかも知れない。ブツ・ビョウ・ドウ・ノ・サンミツ、シュ・ジョウ・ホン・ヌ・ノ・マンダ、と声に出して何度唱えてみても、どうも今イチ、ピンとこない。わたし自身も最初の印象はそうだった。しかしこれを読む空海の弟子たちの脳裏には、鮮明なイメージが描き出されていたに違いない。空海の弟子の一人として、現在のわたしの脳裏に描かれた情景を、わかりやすく紹介しておきたい。

簡単なところから始めよう。「三密」については先に説明した。わたしたちの生命活動を支える「身体・言語・意識」のことだ。「曼荼」が「マンダラ」の略称であることもすぐに分かるだろうが、問題はその「マンダラ」である。「マンダラ」は「大悲胎蔵生マンダラ」や「金剛界マンダラ」の図画されたマンダラ図を指す語として一般的に使われているが、ここではそうではない。「マンダラ」図ではなく、その「マンダラ」図が具体的に表象している精神世界の在り様を指す語である。ごく簡単に言えば、「一即多、多即一」の動的関係において絶えず運動している全体世界の根源的在り様を意味している。

ここでも「マンダラ」という語の本来の形態と意味に戻って考えておくのがよいだろう。まず、「曼荼羅」という漢字表記は梵語の「マンダラ」(maṇḍala) を音訳したものである。だからその漢字の列をどれほど見つめても、それが意味しているものは何も見えてこない。それでは、「マンダラ」とは何か？ maṇḍala を maṇḍa-la の二要素に分け、maṇḍa を「本質」の意味に解し、それに接尾字 -la を添えたものという説が流布しているが、この語源解釈は受け容れ難い。maṇḍala は分析できない一語として「丸い」という意味でインド古典時代から使われている。そしてまた、「マンダラ」の原型が円形の図像配置を基本としていることも一方の事実である。梵語では名詞・形容詞の区別はないので、「マンダラ」とは「丸いもの」を指す名詞でもある。つまり円壇のことであり、比喩的に仏菩薩の円形の配置を指すものと理解すべきであろう。

「声字実相」とは、即ち「法仏平等の三密、衆生本有の曼荼」であると空海は書いている。前文の「声字分明にして実相顕わる」との文脈上の連関も忘れないでいてほしい。

まず第一に指摘しておきたいのは、「法仏平等の三密」には確乎たる出典がある、ということだ。その出典とは『大日経』の語句を一つ一つ解釈した『大日経疏』である。『大日経』の懇切丁寧な解説書で、訳文の一句一句を詳しく解釈している。その『大日経疏』のなかで、『大日経』第二章「入曼荼羅具縁真言品」と題される章のなかの一節を解説する箇所に、「法仏平等身口意」という一節が見えている。「身口意」が「三密」と総称されることは先に述べたとおりである。こうして見ると、この一節に書かれている「身口意」を「三密」と置き換えて、空海は『大日経疏』のその一句を引用していることがわかる。

そうであるとすれば『声字実相義』の「法仏平等之三密、衆生本有之曼荼」の句も、それを踏まえて理解しなければならない。『大日経疏』の著者である中国僧、一行の釈文は次のとおりだ。

今此眞言門祕密身口意、即是法佛平等身口意。
然亦以加持力故、出現于世利益衆生也。
如來無礙知見、在一切衆生相續中、法爾成就無有缺減。

現代日本語に訳せば次のようになる。

今、この真言の教えで言う「秘密身口意」とは、ほかでもなく法仏平等の身口意である。

しかるにまた、〔その秘密身口意は〕法仏の加持の力によって、この世に出現し、衆生を利益するものである。

如来の無礙《むげ》なる知見は、一切衆生に伝えられてゆくなかで、あるがままに成就し、少しも欠けたり減ったりすることはない。


何のことはない、『声字実相義』の件の一句は、一行の釈文の真ん中の一句を飛び越えて、第一句と第三句を繫いだものであったのだ。法仏と衆生をつなぐ「加持」という作用は、ここでは表に出ていないが、当然のことながら踏まえられている。その「加持」の結果として、「衆生本由の曼荼」、つまり衆生が本来有しているマンダラ世界が、出現することになる。言うまでもなく「マンダラ」とは菩薩仏教が目指す理想世界を図絵で表現するものであるが、それは一種の模式図に過ぎない。実際には、その理想世界はわたしたちの心中に秘められているものであって、ブッダの教えによって、わたしたちがわたしたち自身のなかに本来持っているマンダラ世界を知ることができる、というわけである。

以上、『声字実相義』の「叙意」の箇所を読み解いてきた。その趣旨は、ブッダの「悟り」の境地は、人間の言葉を介することによってしか人々に伝えることができない、ということである。翻って言えば、ブッダの悟りを理解するためには、わたしたちが日常使っている言葉は必要不可欠であるということだ。ブッダのメッセージを感受し、理解するには言語の介在は不可欠である、と空海は『大日経』に即して、あるいは一行の『大日経疏』の解釈に即して語っている。

しかし、それは一種の方便であり、同じ方便なら、長々と説教する経典を読むよりも、もっと直接にブッダの境地に入る方法はないのか？　この問いに対して空海は、ある、と答える。それならばその方法とは何か？　真言すなわちマントラである。これが「真言」と言われるものの効用なのだ。

4　言葉の大切さとその限界

世界は、言葉に満ちている。それが『声字実相義』のメッセージである。しかし、その言葉とは、必ずしも言語的記号、言語的音声に限られるものではない。わたしたちの生きる世界は言葉に満ちている。それは、わたしたちの住む生命世界そのものを表象する法身仏（ダルマ・カーヤ・ブッダ）の言葉であり文字なのだ。手短かに要約すれば、それが「声字実相」という四字の語る真実なのである。

その真実を、空海は次のような、五字を一句とする四句で構成される簡潔な頌によって要約する。

五大皆有響、十界具言語、六塵悉文字、法身是実相。

五大はみな響きを有し、十界は言語を具す。六塵は悉く文字、法身はこれ実相なり。

空海らしい実に簡潔な表現だ。同時に『声字実相義』の内容をみごとに要約している。各句の主語となっている「五大」、「十界」、「六塵」、「法身」はすべて仏教の専門用語であるが、述語の「皆有響」、「具言語」、「悉文字」、「是実相」は常用の語だ。だから解説を要するのは、前者の「五大」、「十界」、「六塵」、「法身」に限られると言ってもよい。すでに解釈したものもあるが、それも含めてこれらの語句を空海自身が解説してみせる釈文に沿って解説してゆくことにする。

「五大」はすでに『即身成仏義』に出ている「六大」から「識」を外せばよい。要するに「地水火風空」というわたしたちの外にある世界、すなわち物質世界を構成する五つの基本要素である。

「十界」とは、「一切仏界」、「一切菩薩界」、「一切縁覚界」、「一切声聞界」、「一切天界」、「一切人界」、「一切阿修羅界」、「一切傍生界」、「一切餓鬼界」、「一切捺落迦界」の総称だ。要するに境涯は違えこの世に生きているものたちのすべてである。つまり人間であり、輪廻転生のなかでわたしたち自身が経巡る生命世界のさまざまな様相である。「五大」が物質世界だとすれば、「十界」は生命世界の全体を意味している。人はブッダに成ることもできるし、地獄に落ちてなお生きることもできる。「十界」とはそのような人間のさまざまな生の在り様を仮に十の様態で代表させたものだ。

「六塵」は、すでに述べたように、例えば『般若心経』のなかに見られる「色声香味觸《しきしょうこうみそく》法《ほう》」のことで、五つの感覚に意識を併せた六種の認識主体、つまり「六識」が捉えている世界の全体を意味している。

そして最後に「法身」。この「法身」という語は、空海の思想をある意味では総括する重要な存在論的実体概念である。しかし、『声字実相義』のどこを探しても、この「法身」の釈文は見出せない。そもそも、この頌の三句までは丁寧な解説が施されているのに、この最後の一句に関しては、「四は実相を窮《きわ》む」と言われているだけで、それ以上の言及も釈文もない。

しかし、本書第二章（『即身成仏義』の章）を読みとおされた読者には、もうすっかり馴染みのものであろう。念のために重複を恐れず、簡単に説明しておこう。

この「法身」とは、梵語の「ダルマ・カーヤ」（dharma-kāya）の意訳語で、梵語の語義構成の原則から言えば、「法を身体とする者」を意味している。初期仏教経典である『阿含経』の時代から「法身」の語は使われていて、『華厳経』の時代に至るまで、至高の仏法《ブッダ・ダルマ》を身に纏《まと》い、それを体現する「法身仏《ダルマ・カーヤ・ブッダ》」として登場している。『華厳経』では、その「法身仏」は「ヴィローチャナ・ブッダ」に具現し、それはそのまま中国で成立した恵果の両部の「密教」体系にも継承されている。

「ダルマ」とは、ブッダの説いた「法」そのもの、つまり「本来あるべき姿において存在している生命世界の全体」を指す。その生命世界を実体化したものが「ダルマ・カーヤ」即ち「法身」である。中国密教成立の頃には「法身仏」は『華厳経』の本尊「ビルシャナ仏」に同定されていた。だから、「法身」とは「ビルシャナ仏」である、と言っても誤りではない。しかし「ビルシャナ仏」は、曼荼羅図に描かれている多くの尊格に変幻自在に化身する。どのような姿で現れても、すべてはビルシャナの変化した姿である。逆に言えば、すべての尊格は「ビルシャナ仏」に収斂してゆく。その「ビルシャナ仏」も仏として実体化されている限り、なお「法身」の化身である。その化身を突き破れば「ダルマ・カーヤ」すなわち「法身」そのものが現れる。

仏教、つまりブッダの教えは、ブッダの言葉によって顕現する。しかしその言葉で説かれた仏法はまだ「ダルマ」ではない。ただの音声であり、ただの文字である。その音声や文字によって、確かに「ダルマ」は具体的形象となって出現する。しかし、「ダルマ」そのものは無形である。だから、言葉を纏っているかぎり、その無形の「ダルマ」は音声なり、文字なりに実体化されているように見える。その音声と文字が無形の「ダルマ」の具現である限りにおいて、それは真実の言葉である。すなわち「声」と「字」によって表現されている言葉は、その限りにおいて、「ダルマ」の身体、つまりは「法身」と見なし得るであろう。しかし、それらの「声」も「字」も、「ダルマ」そのもののシンボルでしかない。したがって、わたしたちは、そのシンボルを通じて、そのシンボルによって感覚的に表象されるブッダを、わたしたち自身の生命活動において受けとめなければならない。

そのことを、空海は「法身は是れ実相なり」の一句に込めている。しかし、「実相」そのものは、言語道断の存在であり、言語を通じて指し示されているとは言え、その言語を廃絶したところにしか立ち現われてくることはない。わが一身の生においてそれを生き、それを生かすことによってしか「法身是実相」の真実に至ることはできない。「釈」するとは「実相」を裏切ることなのである。「釈」そのものが消え、言葉そのものが無用になったとき、忽然としてわが身体の内なるいのちの躍動として「実相」はわたしたちの精神において具現するのである。

空海の『声字実相義』は、その地点で立ちどまる。その先は言葉で表現することはできない。道元はそのことを「言語道断」と喝破した。いくら言葉を尽くしても、言葉はあくまでも言葉でしかない。だから、「声字即実相、実相即声字」の真実は、一人一人のいのちの躍動のなかに湧き上がるのを待つほかはない。そのように語っているのは、わたしではない。空海自身が次のような言葉を残している。

秘蔵奥旨、不貴得文。唯在以心伝心。文是糟粕、文是瓦礫。受糟粕瓦礫、則失粋実至宝。

秘蔵の奥旨は、文を得ることを貴ばず。ただ心を以て心に伝うるにあり。文はこれ糟粕、文はこれ瓦礫。糟粕瓦礫を受けなば、すなわち粋実至宝を失う。

この苛烈な言葉は、「叡山の澄法師理趣釈経を求むる書に答す」と題された空海の書簡(『補闕鈔』巻第十所載)に見られるものだ。この書簡の宛先である「澄法師」が最澄なのか、最澄の弟子であった円澄なのか議論が続いている。わたしは円澄説に傾くが、しかし、それはいまのわたしには大した問題ではない。その言葉を書いたのが空海であることが重要な点だ。そして、それを疑う人はいない。ブッダの教えはつまりは心の問題なのだから、文章で表現できると思ってはならない。心から心に伝えるべきものであって、言葉によって伝えられるものではない。言葉は、酒の搾りかすのようなもの、捨てられた瓦礫のようなものだ、と空海は断言する。

『声字実相義』の第四句「法身是実相」は、同じように心に訴える言葉である。以心伝心、心を以て心に伝えるべきものなのである。ついでに言っておくが、「以心伝心」は道元の言葉として有名であるが、すでに空海が使っていたことを知る人は少ない。仏法の極まるところ、空海であれ道元であれ、最後は「以心伝心」を語って、その後にはただ沈黙するほかないのだ。言葉で理解しようとして、釈文をいくら重ねても、それは「以心伝心」の妨げとなるばかり、と言う空海の言葉の前で、件の「澄法師」も、わたしたち自身も、立ち尽くすことしかできない。ブッダの教えを言葉で表現することはできない。言葉は、その教えの近くまでわたしたちを導くだけだ。しかし最後の一歩、「以心伝心」の一歩は自ら踏み出すしかないのである。そして、心で受け止めたものを生かしてゆけ、そう叱咤する空海の声なき声がわたしの耳には聞こえている。

空海は「法身是実相」の言葉を残した。わたしたちはその言葉の前に立ち、やがて、その言葉の背後から世界の真実の有り様が、空海の言う「実相」が、わたしたちの意識の深層からゆっくりと出現してくるのを待つしかない。そのとき、「ダルマ・カーヤ」の衣を脱ぎ捨てた生命世界の真実のすがたが、「こころ」というスクリーンに映し出されるであろう。

＊付記

わたしは『即身成仏義』や『声字実相義』の現行本文には、空海とは別人の文章が混入していることを指摘した。そして、それが「天台宗の悉曇学僧」である可能性を示唆した。思わせぶりで本章を閉じるのは、読者に対して申し訳ない気がする。そこで、その人物をごく簡単に紹介しておきたい。わたしが「天台宗の悉曇学者」と言ったのは、安然《あんねん》という名の学僧である。安然は日本仏教史の専門家以外は知る人も少ないだろう。

安然は空海より数世代後の天台僧である。最澄の弟子で、空海没後、最後の遣唐使で入唐した円仁（七九四―八六四）の弟子とされる。生年は承和八年（八四一）、没年は寛平年間（八八九―八九七）とされるが、詳細は不明。学問好きの人で、多くの著作が知られている。特に梵字の学習に意欲を示し、入唐を試みるが実現しなかった。安然は日本特有の「悉曇学」という梵字研究の草分けである。「悉曇」というのはサンスクリットの文字を指す専門用語だ。空海の著作の最初の熱心な研究者でもあり、『真言宗教時義』という著作がある。そのなかで『声字実相義』の解釈を試みている。そういう意味では、初めての本格的空海研究者でもあった。つまり、わたしの大先輩であるが、安然の学説にわたしは賛同できない。

現行本の『声字実相義』に混入している文章は、その大半が安然の書いたものか、その孫引きの類だとわたしは推測している。空海の書いた本文と空海自身の釈文に、蔓草のように絡みついて、弁別するのは極めて困難だ。そのことは、本文にも書いた通りである。因みに、安然に次ぐ歴代第二に位置する空海研究者は、『補闕鈔』編纂者の済暹《さいせん》である。済暹は真言宗の僧だから、安然よりも多くの空海研究の著作を残している。中世の「弘法大師」信仰の基礎を固めた人物としても重要である。

付録『声字実相義』の校訂本（試案）

（伝承される『声字実相義』のテクストは、冒頭に述べられる本文から懸け離れた釈文が多く、解読できない。校訂本（試案）として示すのは、空海の文章であると思われる個所を抽出したものに過ぎない。1等の数字は仮に付した段落の区切りである。）

1

一敍意、二釋名體義、三問答。

初敍意者、夫如來說法、必藉文字。文字所在、六塵其體。六塵之本、法佛三密、卽是也。平等三密、遍法界而常恒、五智四身、具十界而無缺。悟者号大覺、迷者名衆生。衆生癡暗、無由自覺。如來加持、示其歸趣。歸趣之本、非名教不立。名教之興、非聲字不成。聲字分明、而實相顯。

所謂聲字實相者、卽是法佛平等之三密、衆生本有之曼荼也。

2

次釋名體義、此亦分二。一釋名、二出體義。

初釋名者、內外風氣、纔發必響、名曰聲也。響必由聲、聲則響之本也。聲發不虛、必表物名。號曰字也。名必招體、名之實相。

3 二釋體義、又二。初引證、後釋之。

初引證者、問曰、今依何經、成立之義。答、據大日經有明鑑。彼經何說。其經、法身如來說。偈頌曰、

等正覺眞言　言名成立相
如因陀羅宗　諸義利成就
有增加發句　本名行相應

4 已聞經證、請釋其體義。頌曰、

五大皆有響　十界具言語
六塵悉文字　法身是實相

釋曰、頌文分四。初一句竭聲體。次頌極眞妄文字。三盡內外文字。四窮實相。

【注記】

現行本『声字実相義』の本文は、この後にここに書かれている四句頌の解説が続く。しかし現行本の本文は錯綜し、解説にそのまた解説が畳畳と重なり合う。簡潔明瞭を旨とする空海の文章とは思えない。推測するに、『声字実相義』の文面は、提示された「五大皆有響、十界具言語、六塵悉文字、法身是実相」という四句頌を示したあとに、簡単な解説が加えられて完了し、その後に「問答」が置かれていたと思われる。そのことは『声字実相義』の冒頭に予告されていた。他方、現行本の大半を占める「六塵」、特にその内の一つ「色塵」を解説する文章は、『声字実相義』冒頭に書かれている「六塵之本法佛三密即是也」(六塵の本は法佛の三密これなり)という命題と明らかに矛盾している。そこに安然あるいは安然に近い同時代人物の関与があるものと思われることは先に記した。しかし、今はそれを実証できるまで研究は進んでいない。そういうわけで、本書の示す校訂本文は尻切れトンボである。記して読者の寛恕を乞いたい。

終章

「万灯万花会の願文」

——「虚空尽き衆生尽きなば、涅槃尽き我が願いも尽きなん」

1　多忙な空海

弘仁七年（八一六）六月十九日、空海は高野の下賜を上奏する。最澄との訣別を告げる書簡を草した直後のことだ。だからと言って、高野開創がそのとき突然に始まったわけではない。いやむしろ、高野開創は恵果和上との約束であった、と言うべきであろう。密教を日本に伝えてほしい、それが死の直前に恵果が空海に語った最後の言葉であり、空海はそれに対して、帰国後には必ず密教修行の道場を建てます、と約束していた。それがこの年まで実現していなかっただけである。

高野は、少年の頃の空海の山岳斗藪の地であり、恵果との訣別の日にも修行道場の建設候補地として空海の脳裏に鮮明に思い描かれていた。密教を日本に伝え、それを普及させること、そのための施設を建設することは、帰国の遣唐使船上で空海自身が神々に誓った約束であった。

空海言うところのその「修禅の道場」がようやく形を成してきた頃、空海は高野に登る。弘仁九年（八一八）十一月十六日のことである。おそらく長安から帰国後初めて、久しぶりに見る高野の風景であっただろう。空海は友人に宛てた手紙に、すでに帰国後「一紀」が過ぎたと書いている。すなわち十二年が過ぎていたのだ。

しかし、空海は高野に長く留まることはできなかった。翌年の夏、正確な日付は不明だが、朝廷からの呼び出しに応じて、空海は高野から京都に戻らなければならなかった。その時から空海の平安京での生活は繁忙を極めるようになる。以来、朝廷はよく言えば空海を厚遇し、次から次へと僧位を与え、空海の意向を汲んで来るべき「真言宗」設立の事業を推進する。よく知られているように、東寺を空海に「給預《きゅうよ》」することはその最たるものであった。その沙汰は、嵯峨天皇譲位の年、弘仁十四年（八二三）正月に公布された。

嵯峨譲位の後を継いだ淳和天皇は嵯峨天皇にもまして、これでもか、これでもかと言わんばかりに、空海厚遇を加速させる。主なものを拾っても、天長元年（八二四）の小僧都勅任（空海はすぐに辞退するが許されない）、高雄山寺の定額寺への格上げ（定額寺は、今風に言えば国営寺院で、寺の名称もそれまでは「高雄山寺」であったが「神護国祚真言寺」と変えられた）、翌二年（八二五）には益田池の改修事業を記念する碑文の作成を空海に委託し、四年（八二七）には大僧都に勅任（「大僧都」は「僧綱」という名の役所で仏教僧の僧録管理や国営寺院の経営監督に当たる官庁の実質的トップである）、五年（八二八）十二月には『綜芸種智院』の創立（これは藤原三守《みもり》の自宅寄進による事業であったが、三守はこの年三月に大納言に昇格し、同年十月位階も従二位に昇り皇太子傅の要職に就いている）、七年（八三〇）には勅を受けて『十住心論』、続いて『秘蔵宝鑰』を執筆上進している。主なものを拾っただけでもこのような状況であった。

その上に、旧都平城京の諸寺（その代表は東大寺）や朝廷施設における法要の注文が、次から次へと空海大僧都の頭上に舞い降りてくる。その繁忙と激務の所為であろうか、天長八年（八三一）六月には、病魔が空海の体を蝕むようになっていた。病気を理由に、空海は「大僧都」職を辞するが、それでも許されない。

その六年前、天長二年（八二五）には、愛弟子の智泉が齢三十七歳にして急逝する。空海の姉の息子であった智泉は、空海のもっとも信頼できる愛弟子であった。空海の智泉を弔う達嚫文が残されている（『補闕鈔』巻八）。痛切極まりない空海の思いがそこには吐露されている。智泉は高野山寺で亡くなった。だから、空海もそのとき、というのは天長二年五月十四日であるが、高野に帰山したであろう。

現在の高野山金剛峯寺の壇上伽藍の東に隣接する小さな森の片隅に、今も智泉の墓標が小さなお堂に守られて静かに佇んでいる。訪れる人は少ないが、わたしは高野を訪れるたびに必ず参拝している。智泉の墓前に立てば、空海の書いた「哀哉哀哉、哀中之哀、悲哉悲哉、悲中之悲」（哀なるかな哀なるかな、哀中の哀、悲なるかな悲なるかな、悲中の悲）の悲鳴にも近い叫びが、わたしのこころをそのたびに揺さぶる。

先にも書いたように、空海自身も天長八年には、病気に苦しむようになっていた。知らぬ間に五十八年の齢を重ねていた。自らの死の遠くないことを空海は思ったであろう。余命いくばくもないことを自覚したであろう。それと同時に、高野山寺の行く末を思い、その存続のために為すべきことを慮《おもんぱか》ったことであろう。「万灯万花会《まんどうまんげえ》の願文」が書かれたのは、その翌年、天長九年（八三二）中秋八月二十二日のことである。

2　万灯万花会の願文

願文であるから、その構成が本書の第一章でも述べたように「表白」、「趣意」、「供養」、「廻向」の四段構えになっていることは、空海の他の願文と変わらない。原文は、章末に掲載しているので、必要に応じて参照していただきたい。

まず、「表白」段を読み下し文で示しておこう。第一章で見た願文の「表白」段とは趣を異にして、願主である空海自身の仏教思想の根幹が、七言、四言、六言、四言の対句を重ねて音律を多様に変化させながら、簡潔に陳《の》べられている。

［表白］

恭《つつし》むで聞くならく、黒暗は生死の源、遍明は円寂の本。其の元始を原《たず》ぬれば、おのおの因縁有り。日燈は空に擎《かか》り、唯だ一天の暗を除き、月鏡は漢に懸《かか》りて、誰か三千の明を作《な》さむ。大日は法界を遍く照らし、智鏡は霊臺を高く鑑がみるが如きに至りては、内外の障《さわ》り悉《ことごと》く除き、自他の光り普《あまね》く挙《あ》げむ。彼《か》の光を取らんと欲するに、何ぞ仰ぎ止《とど》めざらんや。

「表白」段では、「黒暗」は生死の源であり、「遍明」は円寂の本であることが先ず述べられる。言うまでもないが、「黒暗」は真っ暗闇、「遍明」は一点の曇りなき光明を意味している。その「黒暗」こそがわたしたちが生きること死ぬことに思い悩むことの根源であり、その「遍明」こそがまどやかな精神の鎮まりの基本である、と語り出される。「黒暗」も「遍明」も精神あるいは心の有り様を言う言葉である。簡単に言い直せば、心が澄んでいないのは生まれる死ぬということに思い悩むからであり、心が明るく澄んでいれば、もはや生死の問題はなくなり、静かに満ち足りた精神の状態、言い換えれば何も思い残すことのない大いなる涅槃の境地に入ることができる。精神の明暗を分けるのは、精神の有り様である、と釈尊の教えに従って空海は語っていう。

そうであるそもそもの起源を探ってみれば、それぞれに「因縁」があるのだ、と空海は続ける。「因縁」という語は今ではごく卑近な日常語になっているが、元来は直接的原因の「因」と、間接的原因の「縁」の合成語である。原因や謂《いわ》れがある、とでも訳しておこう。「日燈」は「太陽という灯《あか》り」というほどの意味で、自然科学的な意味での太陽を意味しているが、その「日燈」は空に出ている間だけは夜の暗闇を取り除くだけであるし、月の光は天の川にぶら下がるように光ってはいるけれども、三千大千世界を隈なく照らすことはとうていできるものではない、と空海は続ける。

ここに書かれている「三千」とは、先にも書いた通り「三千大千世界」(トリサーハスラ・マハーサーハスラ・ローカ・ダートゥ trisāhasra-mahāsāsra-loka-dhātu)の略称である。古代インド人が想定した最大限の全体世界の名称である。わたしたちの住む地上は、古代インド人に言わせれば一つの「小世界」であるに過ぎない。そのような「小世界」を千個集めたものを小千世界、小千世界をさらに千個集めたものを中千世界、その中千世界を千個集めたものを大千世界と言う。千を三乗したものであるから、別名「三千世界」とも言う。「大千世界」にその別名の「三千世界」を合体させてできた語が「三千大千世界」である。千の三乗だから単純に計算すれば、「三千世界」あるいは「大千世界」は「小世界」を十億個寄せ集めた広大な一つの宇宙論的世界である。

インドの古代宇宙論ではそういうことになるのだが、それを仏教の理念世界に転じてみると、一つのブッダは一つの「大千世界」を照らし出すことができるらしい。従って、先の「誰か三千の命を作さむ」と逆説的に問われた問いの答えは、ブッダである、ということにもなる。その広大な光明を発することができるブッダとは、言うまでもなくビルシャナ仏、ヴィローチャナ・ブッダということにもなろう。インドの途方もない宇宙観をこのような形で踏まえて、空海が、ヴィローチャナ・ブッダの広大無辺の光明力を称えているのは、言うまでもなく語り得ぬものを語るための方便である。しかし、そのような方便を自在に組み立てることができるほどに、空海のインドに関する知識は豊かで確かなものであったことも、同時にわたしたちは知ることができるだろう。

精神的宇宙を明るく照らす光とは、「密教」の阿闍梨である空海から見れば「大日如来」の光である。「大日は法界を遍く照らし、智鏡は霊臺を高く鑑がみる」とは、そのことを言明する空海の文章である。大日如来が「法界を遍く照らす」ことを表明する前句に対して書かれている「智鏡の霊臺を高く鑑がみる」とは何を言っているのであろうか。結論から先に言えば、「大日如来」に仮託された光明は、この後句では「智鏡の霊臺」に転じられている。

大日如来は理念的存在である。しかし、それに対する「智鏡」は、大日如来という理念を介して、わたしたち自身の精神に返還された光明である。なぜなら、「智」はわたしたちすべての心に宿るものであるからだ。その「智」という「鏡」は「高く霊臺を鑑がみる」と言われている。「霊臺」という語は現在ではあまり見られない表現であるが、『荘子』に出典がある（『諸橋大漢和辞典』）ようで、その意味するところは文字通り「霊のいますところ」、つまりわたしたちが「精神」とか「心」と呼んでいるもの、わたしたちの内的な精神活動の担い手を指す言葉である。動詞として用いられている「鑑」の字は、「鏡」の縁語であって「映し出す」という意味で使われている。

こうして読み解いてくれば、「智鏡は霊臺を高く鑑がみる」の一文の趣旨は、「智」という鏡は、わたしたちの精神を高々と映し出している、ということになるだろう。こうして、大日如来に托された経典レベルの言説は、わたしたち自身の心の問題へと転じられる。

それに続く文章は、自身に返された問題を、結論としてあらためて陳述したものである。まず「内外の障り悉く除き、自他の光り普く挙ぐ」である。「内外」は精神の内と外であろう。その内外のあらゆる障碍はすべて消え去り、融通無礙に働く精神がそこに立ち現われてくる。そうすれば自他の区別を超えて、精神の光明が余すところなく立ち現われてくる。それに続く一文、「彼の光を取らんと欲せば、何ぞ抑止せざらむや」は逆説否定疑問形の表現なので意味を捉えるのがやや難しいが、その逆説否定疑問を解除すれば、必ず抑止すべきである、という単純な順接肯定文になる。謂う所の趣旨は、精神の光明を捉えようとすれば、ただそれを仰ぎ見るだけでよいのだ、となる。

智慧の光明こそがいのちの源である、と空海は言う。我が心中に輝くその光明をそのままに迎え入れればよい。そうすれば、わたしたちの精神世界も光明に満たされるであろう、と述べて、空海は「表白」段を終える。そこで主題化されているのは、見たとおり智慧の光明である。智慧とは、「大日如来」の姿において表象される精神の光明である。そのことを念頭において次の段に進むことにしよう。

以下に、〔趣意〕段から〔廻向〕段までを順番に示し解説してゆく。

〔趣意〕

ここに於いて、わたくし空海は諸々の金剛子とともに、高野山寺《たかのさんじ》において聊《いささ》か万灯万花の会を設け、両部曼荼羅の四種智印に献じ奉る。期するところは、毎年一度、この事を設け奉り、四恩に答え奉ることなり。

この願文が第一章で見た二篇の願文と異なるところは、願主が空海自身であるということだ。願主に依頼された代作ではなく、空海自らの祈願を表明する願文であるということだ。それは「趣意」段が「わたくし空海は」と書き始められていることでも、明らかに見てとれる。しかし空海だけではない。その周りには「諸々の金剛子」がいる。「金剛子」とは「遍照金剛」の金剛名を持つ空海阿闍梨から金剛名を与えられ、金剛薩埵となっている弟子たちのことだ。空海の弟子である多くの金剛子たちが空海の周りに呼び寄せられて、空海とともに願主となっている。

ちなみに「金剛名」とは、マンダラ壇において投花得仏《とうげとくぶつ》をして獲得される「密教」僧としての名称である。空海は「遍照金剛」という金剛名を持つ。入唐求法の折、青龍寺の恵果阿闍梨の指導を受けて空海が投花得仏し、その名のとおり「遍照」すなわちビヴィローチャナ・ブッダと一体となった、それが空海の金剛名である。

空海を筆頭に多くの金剛たちが、高野山寺において、「聊か」とは「とりあえず」の意味であるが謙譲の字と読んでおけばよいだろう、万灯万花の会を設けて、「両部曼荼羅の四種智印」に献じ奉る、というのである。ここまでは願文通常の「趣意」に沿った文構成になっている。

言うところの「両部曼荼羅」とは、言うまでもなく大悲胎蔵生マンダラと金剛界マンダラ、二種のマンダラの総称である。この両部マンダラの体系は、中国密教独自のものであり、おそらくは不空金剛の没後に、恵果の主導下に形成されたものであろう。不空金剛は唐、代宗《だいそう》の大暦九年（七七四）に遷化しており、その跡を継いで三十年間の長きにわたって中国密教の指導者となった中国僧恵果でなければ成し得ないことである。『大日経』と『金剛頂経』という二つの密教経典を対比的に二つのものと考える発想は不空金剛にはなかったであろう。時間的に前後する二つのマンダラを、一つのシステムに統合する発想は中国的陰陽思想に合致するものであった。インドでも、チベットでも、「両部」のマンダラというものは存在しない。空海はそのことを知る由もなく、恵果の弟子としてその両部マンダラというシステムを、そのまま日本に移植したのである。「両部」という発想は中国密教の極めて顕著な特異性の一つであると言えるだろう。

さて、その両部マンダラの「四種智印」とは何か。ここではインド的発想が前面に出てくる。インド思想は数字を愛用する。先にも見た「四つの劫」(catur-kalpa) にも「四」が使われているが、他にも「四天王」や「四苦八苦」、「四生」や「四大」など数え上げればきりがない。本書でわたしが重視する「四恩」もその一つである。その「四」という数字は、ある概念を仮に四つのものに分類したうえで、そのすべてを総括するための仕掛けなのである。

「四種智印」も同じことで、「四種」の「智印」とは、まずすべての「智印」を仮に四つに分けて分類したものである。その四種を具体的に名付ける定型句もある。密教関係の本にしばしば登場し、密教僧の口からしばしば発せられている「大《だい》・三《さん》・法《ほう》・羯《かつ》」という四字句がそれである。その四字を使って「四種智印」を展開すれば、大智印・三昧耶《さんまや》智印・法智印・羯磨《かつま》智印となる。文字の外形的形態上の解説はここまでにしておこう。大事なのは、それらの文字が何を指し、何を意味しているかである。その解説に移ろうと思う。

最重要で、同時に密教専門用語であるために難解なのは「智印」というタームであろう。この種の密教タームが多く用いられているのも、この「万灯万花会の願文」の特徴である。この願文が、プロを念頭においた願文であるのだからそうなるのは当然のことなのだが、現在のわたしたちにはこの種の専門用語が空海を理解する上での超え難い障壁になっているのもまた一方の事実である。その結果、わたしたちの空海理解が今も相変わらず中世的物語や世俗的解釈のレベルに留まり続けているのである。

「智印」とは何か。この問いに答えるのは難しい。文字の表面だけを見れば「智」の「印」。「智」はブッダの智慧を意味する。その「智慧」を具体的に表示するもの、それが「智印」である。しかしこのような形式的講釈は、いくら続けても、ほとんど何の役にも立たない。思い切って言い直せば、「智印」とは、ブッダの智慧を具体的な感覚をもって認識させてくれるもの、つまり「マンダラ」のことである。しかし、その「マンダラ」を両部に分けて捉えるのではなく、その表現方法に分けて捉えたものが「四種智印」であると付け加えておかなければならない。

「大」マンダラ、すなわちマハー・マンダラ（mahā-maṇḍala）は、ブッダの世界の諸尊格を人間の姿で表現するマンダラ。「三昧耶」マンダラ、すなわちサマヤ・マンダラ（samaya-maṇḍala）は、諸尊を諸尊の印契や持物で象徴的に表現するマンダラ。「法」マンダラ、すなわちダルマ・マンダラ（dharma-maṇḍala）は仏法つまりダルマを以て諸尊を表現するマンダラで、多くの場合に諸尊の名称あるいはそれを象徴する梵字（種字《しゅじ》と呼ばれる）で示されるので種字マンダラとも言われる。最後の「羯磨」マンダラ、すなわちカルマ・マンダラ（karma-maṇḍala）は、諸尊の作用あるいは行為を以て諸尊を表現するもの。俗に「立体マンダラ」と呼ばれているものが、その具体的事例である。しかし立体像であることが重要なのではなく、それが示す具体的活動、具体的行為が重要なのだ。

両部マンダラとの違いはどこにあるのだろうか。両部のうち大悲胎蔵生マンダラ（俗に「胎蔵界マンダラ」と言われているが不適切な呼称である）は全体で一つのマハー・マンダラであるのに対して、金剛界マンダラは「金剛界九会マンダラ」と呼ばれているように、九種のマンダラが配置された複合マンダラである。その九種のマンダラは中央にある「成《じょう》身会《じんえ》」から、「の」の字形に、「三昧耶会」、「微細会」、「供養会」、「四印会」、「一印会」、

「理趣会」、「降三世会」、「降三世三昧耶会」と配置されている。

そのうち、「成身会」、「四印会」、「一印会」、「理趣会」、「降三世会」は、先に見た五種のうちのマハー・マンダラに相当する。また「三昧耶会」と「降三世三昧耶会」は、文字通り、サマヤ・マンダラである。残る二種、「微細会」、「供養会」は四種のどれかに配当することはできない。強いて言えば、サマヤ・マンダラということになろう。

煩瑣な解釈を長々と続けてきたが、それにはわたしなりのわけがある。そのわけとは、空海はなぜここで両部マンダラに並べて四種智印を持ち出したのか、ということを考えてみたいからである。「両部マンダラ」が恵果の中国密教を継承する局面であるとすれば、「四種智印」は先にも述べたようにインド的色彩を身に纏っている。しかし、この「四種智印」という語句は、インドに由来する翻訳経典のうちに見出すことができない。この語の初出は、実は不空金剛の書いた解釈本、あのいわくつきの『理趣経』の解釈本（正式タイトルは『大楽《たいらく》金剛《きんこう》不空《ふくう》真実《しんじつ》三昧耶《さんまいや》経般若波羅蜜多理趣釈』）に初めて現われる語なのだ。本書第二章の『即身成仏義』で指摘した、「即身成仏」という語とその点でよく似ている。それぱかりか、もう一つ意外な事実がある。それは、空海の著作とされる開題本（例えば『法華経開題』や『金剛般若波羅蜜経開題』など）にも見られ、それ以来中世の密教学僧（宥快や覚鑁《かくばん》など）に継承されている。

それらの事実をどう解釈すればよいのか、わたしは途方にくれている。不空金剛が最初に書き、それを空海が日本に伝え、その後の日本仏教界で用いられるようになった専門用語である、というところまでは言うことができるが、その推測が正しいとしても「四種智印」という不空金剛の用語を、この願文に書いた理由が今一つよく理解できないのである。しかし「四種智印」が、先にも指摘したように、大智印・三昧耶智印・法智印・羯磨智印であると、不空金剛は明記している。

確かに言えることは、空海が恵果の「両部マンダラ」と並んで、不空金剛の「四種智印」を重視し、それを両部マンダラ解釈の基底に据えているということだ。物としての両部マンダラは恵果密教の不可欠な要素であったが、しかしその背後には不空金剛の「四種智印」という思想の言葉が潜んでいる。空海の「万灯万花会の願文」にも、不空金剛から学び取った思想の言葉が書き込まれていたという発見は、空海研究者としてのわたしには予想外の収穫であった、ということだけは言っておきたい。

［趣意］段最後の一文は驚くべき表明である。万灯万花の法会は毎年一度行うべきこと、そしてその目的は「四恩」に奉答することである、と空海は書いている。「四恩」に関することは、あらためて［廻向］段で、詳しく見ることにするので、今は前半の「毎年一度」について考えてみることにしたい。下世話に言えば、万灯万花の法会を年中行事にし

ようと言うのである。それも、年紀を限ることなく、である。

事実においては、いくつかの断続の局面がなかったわけではないが、始行された天長九年から現在に至るまで、この法会は今も現に続けられている。偉大な宗教者を記念する行事が長く続くことはあっても、最初から永遠に続くべきと特定の一人の宗教指導者が定め置いた宗教行事が実際にも存続しているという例は、管見にして、この万灯万花の法会を除いてわたしは知らない。知る人は少ないかも知れないが、実際にも、高野山金剛峯寺において今でもこの法会は行われているのである。

なお『補闕鈔』の文面では「高野山寺」としたところは、「金剛峯寺」と書かれているが、高野山寺が金剛峯寺と称されるようになったのは、わたしの推測ではもう少し後のことなので、この願文制作の時点では「高野山寺」である。済暹あるいは別の誰かが「高野山寺」を「金剛峯寺」に書きなおしたのではないかとわたしは考えている。

それに続く［供養］段の文面は異例である。友人などから依頼を受けて制作した願文は、依頼者の意向を踏まえて、多くは個人的な法要のために然るべく選ばれた尊格に奉納する供養物を表明するという内容が盛り込まれている。そして、それ故にこの段を［供養］段とわたしも名付けたのであるが、「万灯万花会」という法会には依頼者がいない。空海自身の発意に基づいて、空海の弟子集団（現在の真言宗の出発点となった僧団）が、「四恩」に報謝するために、自発的に行う法会のために、空海自身が草した願文である。そして「万灯万花」の法会は、生命世界全体を表象する大日如来という中核的尊格に向けて供養されているのである。

さらに「万灯万花」の法会は毎年一度、空海がこの後に見るように「虚空尽き、衆生尽きる」まで続けられるべきものとされている。途方もない発想と言うほかないが、空海は、この法会をわたしたち人類の存続している期間中にはとても実現しそうにもない目標が達成されるまで、続けると宣誓する。その目標については後であらためて示したいと思うが、空海のその誓いはほぼ休止されることなく、現在に至るまで継続されているのだ。以上のことを踏まえて、この特異な［供養］段を読んでみることにしよう。

［供養］

虚空尽き衆生尽きなば、涅槃尽き我が願いも尽きなむ。爾《しから》ば乃《すなわ》ち、金峯高く聳え、下に安明の培塿《ほうろう》を睨み、玉毫《ぎょくごう》光を放ちて、忽ちに梵釈の赫日滅《かくじつめつ》さむ。ラン字の一炎、たちまちに飄《ひるがえ》って法界の病いを除き、チッタの万花、咲《わら》いを含んで諸尊開眼《かいげん》せむ。

［供養］段冒頭の一文は人口に膾炙《かいしゃ》して良く知られている。原文を区切りながら引用すれば、

虚空尽、衆生尽、涅槃尽、我願尽

である。三字一句の構成の「尽」字で終わる同じパターンの句が四句連なっている。それをそのまま読み下せば、

虚空尽き、衆生尽き、涅槃尽き、我願尽きむ

とも読めるが、そう読むのではこの一文に込められた空海の意図を汲み取ることはできないだろう。文構成の単純さが、この一文の意味を読み出すことを極めて難しくしている。「尽」という動詞の主語となっている「虚空」、「衆生」、「涅槃」、「我願」のそれぞれの意味を吟味したうえで、これら四つの語がどのような関係のなかに置かれているかを考えてみよう。

「虚空」は言うまでもないだろうが、『即身成仏義』に説かれる地水火風空の「空」に相

当する概念語で、地水火風の四大を包摂する空間を意味している。そうであればいま言うところの「虚空」とは、「六大無礙常瑜伽」と言われるうちの五大、つまり物質世界の全体を「虚空」という語で包括的に捉えたものであろう。

それに対して「衆生」とは、その物質世界のなかで生命活動を営むもの、『即身成仏義』においては「識」という活動において捉えられていたものを、つまりすべての生命個体を包括する語である。要するに、わたしたちの生命世界、それはそのままにブッダの世界でもあるのだが、その生命世界を物質的なものと精神的なものの二つの語で要約して、空海はここではその物質的要因を「虚空」と名付け、生命的要因を「衆生」と名付けているのだと言えるだろう。「衆生」とは、文字通り生きとし生けるものの総称である。人間だけを特権的に「衆生」と呼ぶ語法は空海とはまったく無縁であることを、ここであらためて確認しておきたい。

「涅槃」とは何だろう。涅槃はサンスクリットの漢字音訳語である。正確には、釈尊の時代に使われていたとされるサンスクリット系の俗語（パーリ語と呼ばれている）のニッバーン（nibbān）という語の発音を、漢字音でそのまま写したものである。「涅槃」は、当時の漢字音ではネッブゥアン（net-buan）のように読まれていたであろう。古典サンスクリットに戻せばニルヴァーナ（nirvāṇa）となる。「涅槃」は漢字音訳語なので、中国人にはまったく意味を成さない外来語である。その外来語はそのままの漢字音訳語として仏教とともに日本にももたらされ、今ではごく普通の日本語として常用されている。

ついでながら、「涅」字は漢字としては「黒いねば土」を意味し、「槃」字は「平らに開いた木の皿」を意味する語（藤堂明保『学研漢和大字典』）で、仏教を知らない中国人が聞けば「黒い平皿」を思い起こさせたかもしれない語句だ。いずれにしろ、漢字しか文字のない中国人にとっては漢字を使って「ニッヴァーナ」を「涅槃」（ネッブアン）と書くしかできない。漢字からカタカナという表音文字を案出した日本人は、その中国音の「ネッブアン」をさらに訛って今では「涅槃」を「ネハン」と読みならわしている。ますます以て、パーリ語原音からは遠ざかっていることになる。

その「ニルヴァーナ」の音訳語である「涅槃」とは何を意味しているのだろうか？ ごく単純化して要点を絞りこめば「涅槃」とは、歴史的には釈尊の死を意味している。釈尊の死は特別の死である。どういう意味で特別かと言えば、輪廻転生から脱却した死であるという意味で特別なのである。人は死んでも生物界の諸相を永遠に経巡って再生を繰り返し、その意味では本当に死ぬことはできないというのが、古典インドの死生観であった。生前に悪を成せば獣になったり、虫になったり、時にはお化けになったりする。獣でも良いことを成せばふたたび人間として再生することができる。そんなふうに解説されることがあるけれども、実際には生命世界の一体性の基本観念にもとづく死生観なのである。

四生を輪廻転生する限り、すべての命はさまざまな生命体の形を経巡りながら永遠に生き続ける。それは人間の一生においては四苦（生・老・病・死）として自覚される。その四苦を克服し、永遠に四生を経巡る輪廻転生の宿命からの解放を願って、釈尊は「涅槃」を説く。「涅槃」とは四苦からの、輪廻転生からの、根本的脱却である。そこから、仏教の救済思想が芽生えてくる。釈尊の死は、仏教的視点から見ればそのような輪廻転生からの脱却、つまり「涅槃」の達成である。それが「成仏」ということであった。二度とふたたび地上の生命世界に再生することはない、生きることのさまざまな苦から解放されたブッダの境地、ブッダの住まう理想の世界への飛躍が行われる。それがブッダとなった釈尊の姿である。そして釈尊のようにブッダへと、目覚めた者へと飛躍すること、一言で言えば「成仏」（ブッダとなること）が、インド仏教の究極の目標であった。

いのちあるすべての存在を救済することを掲げる菩薩は、一切衆生の救済が終わるまで、輪廻転生の苦の世界に留まり、繰り返しその苦の世界に自らを再生させながら、一切衆生の救済という目標の完遂を目指す。そういう意味では菩薩仏教の菩薩は、それが苦であると知りながら、敢えてその苦の世界に繰り返し再生しながら、一切衆生の救済、つまり一切衆生の「涅槃」が達成されるまで、その救済事業を続けなければならない。

それを言い換えれば、すべての衆生が「涅槃」に達するとき、言い換えれば輪廻転生の苦が無くなるとき、菩薩の使命は終わることになる。「涅槃尽」とは、菩薩仏教のその究極の目標の終わりを指し示す空海の言葉である。だから、空海菩薩の目標もその時点で完了することになるだろう。

そのように見てくれば、「衆生尽」と「我願尽」は、同じことの二つの局面である。つまり、一切衆生の救済の達成という菩薩仏教の普遍的目標を、空海は「我願」として個人的に引き受けているということである。

以上のように考えてくれば、この四句一文は次のように読まなければならない。

虚空尽き、衆生尽きなば、涅槃尽き、我願尽きなむ。

翻って言えば、今まで長い間言い伝えられてきた読み、つまり、

虚空尽き、衆生尽き、涅槃尽きなば、我願も尽きなむ。

という伝統的読みは、破棄されなければならないだろう。詩文の形式的側面から見ても、

この一文は六字の対句構成と見るべきである。
そのように読んでこそ、その後に続く「しからばすなわち」という接続詞を介して続けられる文意も生きてこよう。「しからばすなわち」とは、虚空も尽き、衆生も尽き、したがってまた涅槃も尽き、我願も尽きれば、ということを含意している。そうであれば、どうだと空海は言うのか？　その先を読み進むことにしよう。

　爾《しか》らば乃《すなわ》ち、金峯《きんぽう》高く聳え、下に安明《あんめい》の培塿《ほうろう》を睨み、玉毫《ぎょくごう》光を放ちて、忽ちに梵釈の赫日滅《かくじつめつ》さむ。ラン字の一炎、たちまちに飄《ひるがえ》って法界の病いを除き、チッタの万花、咲《えみ》を含んで諸尊開眼《かいげん》せむ。

要所要所の語句をまず解説しておこう。「金峯」が高野山寺のことだとはすぐにわかる。ここに「金峯」と書かれていたことに基づいて、高野山寺は後に「金剛峯寺」となる。「金峯」とは、『請来目録』の「未載貞元目録」の項に記載されている『金剛峯楼閣一切瑜伽瑜祇経』に由来する呼称であることは、従来指摘されている通りだ。
「安明」はインドの北にそびえる世界一の高山、つまりヒマーラヤ山の呼称である（中村元『広説佛教語大辞典』）。「培塿」は、小さな丘。「睨」字は「横目、またはふし目でにらむ」。「玉毫」とはお釈迦さんの三十二相好の一つ、白毫《びゃくごう》のことで、そこからは光が放たれている。この願文が「光」をテーマにしていることを思い出しておきたい。「梵釈」とは梵天と帝釈天、インドの最高神ブラーフマナとインドラを指す。東寺講堂のいわゆる「立体曼陀羅」の左右両端に立っている像はよく知られている。「赫日《かくじつ》」は文字通り、真っ赤に燃える太陽（九二頁に「爀日」の表記で既出）。

次に続く一文には梵字が書かれている。「ラン字」は、地水火風の四大のうちの火大を表示する梵字だ。ここにも「光」のテーマは貫徹されている。「チッタ」は梵字二字で書かれているが、サンスクリットで「心」を意味する単語である。「ラン字」の「光」は、そのままに「チッタ」の「万花」すなわち精神の広大な花園となる。

以上を踏まえて、この一節を現代日本語に翻訳してみれば、以下のようになるだろう。

金剛の峯が高く聳え立って、眼下にはヒマーラヤ山を小さな丘のように見下ろし、釈尊の白毫から発せられる光が放たれて、あっと言う間に梵天・帝釈天の輝きも凋《しぼ》んでしまうだろう。梵字のラン字で表象される炎がわずかでも燃え立てば、忽ちのうちにわたしたちを苦しめる煩悩を焼き尽くし、チッタすなわち菩提心の花々が笑みを含んで咲き誇り、マンダラ諸尊が眼を開くだろう。

要するに、高野山寺が法身大日如来の住まいとなって、生命世界を照らし出し、この世は輝かしい光明の世界に変わるだろう、と空海は称《たた》えているのである。

［廻向］

仰ぎ願わくば、この光業を藉《か》りて、自他を抜済し、無明の他、忽ちに自明に帰せむことを。本覚の自、乍《たちま》ちに他身を奪わむことを。無尽の荘厳、大日の慧光を放ち、刹《せっ》塵《じん》の智印、朗月の定照《ていしょう》を発せむことを、願い奉る。

六大の遍《あまね》くところ、五智の含むところ、排虚《はいきょ》・沈地《ちんち》・流水《りゅうすい》・遊林《ゆうりん》、惣《すべ》て是《こ》れ我が四恩なり。同じく共に一覚に入らむ。

その最初の一文は

仰ぎ願わくば、この光業を藉《か》りて、自他を抜済し、無明の他、忽ちに自明に帰せん。

と書かれている。「仰ぎ願わくば」という接続句で「廻向」段の始まりを明示している。

空海は何を願うのか？

先ず第一に、「この光業を藉《か》りて自他を抜済」することである。「この光業」が「万灯万花の会」を指していることはすぐにわかるだろう。その成果を踏まえて「自他を抜済する」ことが祈願される。それに続く「無明の他、忽ちに自明に帰せん」は、かなりアクロバチックな文構成になっている。

「無明の他」とは、本来の自分ではない、外から客観的に観察されている自分の姿である。他者であるかのような自己存在。そのような自己がたちまちのうちに、本来の有り様である光明の世界に立ち戻ることになると言うのだ。それがわかれば次の「本覚の自、乍《たちま》ちに他身を奪わん」も、同じことを別の言葉で言っているだけのことだと理解できるだろう。来るべき悟りの境地を回復したわたしの精神が、他者のようによそよそしい身体を奪い去るであろう。

「無尽の荘厳、大日の慧光を放ち」は解説を要しないだろう。ただ、「無尽の荘厳」がこの法会で供養された「万灯万花」を指していること、「大日」は言うまでもなく新しく生まれ変わった世界を表象するヴィローチャナ・ブッダを指している。万灯万花の荘厳が、その太陽神ヴィローチャナ・ブッダの叡智を光のように放っている光景を空海は描き出している。

次の句の冒頭にある「刹塵」は「無数」とほぼ同義だが、『華厳経』に頻出する語であることを指摘しておこう。「智印」は「密教」専用用語で、マンダラ諸尊の智慧を象徴する持物または印形をいう。要するに「刹塵の智印」は、森羅万象を含みこむマンダラ諸尊を思い浮かばせる語であると思えばよい

「朗月の定照」は少しばかり解釈が難しい。「朗月」は「大日」の対句であり、明るく輝く満月の輝きを表象するもの（九二頁に既出）だが、その「定照」とは何か？「定照」は前句の「慧光」の対句となっているので、それを踏まえて考えれば「定」は「慧」の対句である。その「定」は、サンスクリットの「サマーディ」(samādhi) の訳語として使われている漢字であり、わかりやすく言い直せば「禅定」、つまり静思瞑想を意味する語だ。その静思瞑想のなかで明らかにされる心の状態を照らし出す光、それをとっさの造語で「定照」と空海は言い放ったのであろう。

3　「四恩」ということ

ここまで「万灯万花」によって荘厳された理想世界を華麗かつ大胆な比喩で語り出して

きた空海は、それを踏まえて、空海願文に不可欠な最後のステージを演出する。この法会の「光業」の成果を「四恩」に廻向するステージである。それを読み下し文で、再度、以下に引用しておこう。

六大の遍くところ、五智の含むところ、排虚・沈地・流水・遊林、惣てこれ我が四恩なり。

冒頭の「六大の遍くところ、五智の含むところ」は、地水火風空識の「六大」(「六大」概念については一五二頁以下を参照)で表象される生命世界の全体、マンダラで表現すればマンダラ中央の「五仏」の智慧が包み込んでいる生命世界の全体を空海はまず描き出す。それはわたしたちの新しい現実の世界であるのだが、そこに住むあらゆる生き物は「我が四恩」であると空海は宣言する。

多彩な修辞で構成される空海願文ではあるが、この「四恩」の語は飽くことなく繰り返し書かれている。「四恩」とは四種の生物種で代表させられる具体的な生命世界、現代の概念語を用いれば「生態系」と呼ばれている現実的な生命世界の全体を、願文を読む読者に思い起こさせる装置である。

この「万灯万花の会」の願文では、それが「排虚・沈地・流水・遊林」の四つの語で表示されている。「排虚」は虚空を飛ぶ生き物、「沈地」とは地中に潜る生き物、「流水」は水に浮かんだり水中を泳ぐ生き物、そして最後の「遊林」は林のなかで遊ぶかのように暮らしている生き物、を指している。最後の「遊林」の範疇には、人類を含む哺乳動物のすべてが、したがって空海自身も、あなた自身も含まれている。

「四恩」は、要するに、いのちあるもののすべてを包摂する語なのである。それらの生命世界の全体、生態系の全体を、空海は「我が四恩」と呼ぶ。自分のいのちはその生命世界に支えられているという認識を空海は「四恩」という語で表明しているのである。その意味で空海の「四恩」とは「衆生」世界を「恩」という眼差しで捉え直したものであると言えよう。

その「四恩」への報謝を宣言した後で、万灯万花の法要の功徳を、生きとし生けるものに回向し、「同じく共に一覚に入らん」ことを念じて空海の願文は終わる。この世界に生きるいのちあるもののすべてに向かって感謝し、そのあらゆるいのちに向かって空海は言う。同じく共に一つの覚悟《さとり》に入ろう、と。「一覚」とは、一なるブッダの境地に参入することである。

なお空海の「四恩」概念に関して、『大乗本生心地観経』(以下『心地観経』と言う)の影響を受けている、あるいはそれを踏まえていると主張する人がいる。『心地観経』の言う四恩とは「父母・国王・衆生・三宝」だ。それは『心地観経』の本文に明言されている。しかし、空海の「四恩」概念は『心地観経』とはまったく関係がない。

『心地観経』は中国で作られた所謂「中国偽経」の一つである。恐らくは唐末以降、どんなに早くても武宗（在位八四〇―八四六）の破仏以降から宋初のあいだに制作されたものである。『宋高僧伝』上巻には唐元和五年（八一〇）、般若訳との記事がある。しかし、『宋高僧伝』は宋太宗の端拱《たんきよう》元年（九八八）に上進されたものであり、元和五年からは二百年近く後の書物である。『宋高僧伝』の記事をそのまま信じるとしても、元和五年は空海帰国の年の四年後であり、空海はそれを読むことはできない。

天長年間、空海と同期の遣唐留学生であった霊仙がこの経典を日本にもたらしたという伝承もあるが、根拠のない推測である。霊仙に関する記事は『宋高僧伝』にはまったく見られない。したがって『心地観経』のいう四恩説を含む『補闕鈔』所収の願文は、すべて空海の著作とは認められないことを指摘しておく。それらの願文はすべて後世の偽作である。

4　晩年の空海

この願文を書き、万灯万花の法会を終えた後、空海はしばらく高野山寺に留まっていたようだ。翌天長十年（八三三）の正月恒例の行事が終わった後の二月、淳和天皇は退位し仁明天皇が即位する。空海はどこにいて、何をしていたか。その動向は杳として不明である。しかし、承和元年（八三四）の秋までには、空海は京都に戻っている。いつ戻ったのか詳しいことは不明であるが、空海は少なくとも二つ重大な事業を承和元年の秋に仁明朝廷に上進し、直ちに許されている。

その第一は、高野山寺に関することで、そこに「毗盧遮那法界体性」の仏塔二基を建立するための勧進である。そのための勧進書は、『補闕鈔』巻八に、「万灯万花会の願文」のすぐ後に続けて収載されている。勧進書の体裁を取っているが、内容は願文と言ってよい。あるいはこれが空海最後の願文であったかもしれない。ここでもまた、「四恩を抜済せんがため」に、高野山寺に大日如来（ヴィローチャナ・ブッダ）の体と性を象徴する二基の塔を建てようというのである。ヴィローチャナによって表象され聖化された法界（ダルマの世界）の「体」と「性」を象徴する二基の塔だ。「体」は実体、「性」は本性を意味する。空海はそのダルマの世界をシンボライズする二基の塔と並んで、「胎蔵金剛界両部の曼荼羅」を制作することも表明している。二つの塔と両部のマンダラの二本建ての壮大な勧進計画であった。

その計画は、空海の没後、弟子たちの努力によって実現される。それによって、高野山寺は名実ともに、法身つまりダルマを身体とするヴィローチャナの住まう場所、空海言うところの「法身の里」（『性霊集』巻一「入山興」）となるのである。しかし、これら二塔の完成を空海はその眼でみることはついにできなかった。

第二の事業は、後世、「後七日御修法《ごしちにちのみしほ》」と呼ばれるようになる法要を、平安宮内に設置されていた真言院で行うことであった。そのことも直ちに勅許されている（同年十二月十九日）。天平時代から宮中の正月恒例の行事となっていた『金光明最勝王経』の法会（「御斎会《みさいえ》」）の後に引き続いて、空海の上進に沿う形で宮中真言院において、承和二年（八三五）正月八日に初修されている（『三代格』巻二）。

空海の長い間の苦労をねぎらうという意味合いもあったのだろうか、朝廷は、その宮中法会の終わった後、さらに空海の文字通り最後の願いを聞き届ける。その願いとは、高野山寺に年分度者三名を認可していただきたいということであった。これも申請直後の承和二年（八三五）正月二十二日には勅許される。その勅書を手に、空海はすぐに高野山寺に戻ったようだ。それを弟子たちに報告したいということもあっただろう。

二月三十日、高野山寺は定額寺の認定を受け、国家公認の寺院として金剛峯寺と名前を変える。弟子たちが何の心配もなく、高野で今と変わりなく修行の日々を送れるようになったのだから、空海の喜びは一入《ひとしお》であっただろう。

しかし同時に、空海は自らのいのちが燃え尽きようとしていることも感じていた。終焉の地は高野、と空海はひそかに決めていた。三月二十一日、空海示寂。覚悟の最期であっただろう。

「法身の里」なる金剛峯寺において空海の骸《むくろ》は茶毘《だび》（火葬）に付された（『續日本後紀』巻四、承和二年三月廿一日条）。空海の骸は五大に帰したが、空海の精神は今なお高野山に息づいている。そして、空海の思想もまた、空海の書き残した文字のなかに息づいている。空海の言葉を通じて、わたしたちは今でもそれを感じ取り、知ることができる。本書はそのささやかな試みの一つに過ぎない。

付録　万灯万花会の願文（校訂本）

恭聞、黑暗者生死之源、遍明者圓寂之本。原其元始、各有因緣。日燈擎空、唯除一天之暗、月鏡懸漢、誰作三千之明。至如、大日遍照法界、智鏡高鑒靈臺、內外之障悉除、自他之光普擧。欲取彼光、何不仰止。

於是、空海與諸金剛子等、於高野山寺、聊設萬燈萬花之會、奉獻兩部曼荼羅四種智印。所期、每年一度、奉設斯事、奉答四恩。

虛空盡衆生盡、涅槃盡我願盡。爾乃、金峯高聳、下睨安明之培塿、玉毫放光、忽滅梵釋之赫日。字一炎、乍飄法界除病。萬花、含唉諸尊開眼。

仰願、藉斯光業、拔濟自他、無明之他、忽歸自明。本覺之自、乍奪他身。無盡莊嚴、放大日之慧光。刹塵智印、發朗月之定照。

六大所遍、五智攸含、排虛沈地、流水遊林、惣是我四恩。同共入一覺。

天長九年八月廿二日

あとがき

空海という人物の存在をわたしが知ったのは、今から四十五年ほど前のことだった。文字通りの「青春の彷徨」に自ら終わりを告げ、大学院進学をわたしは選んでいた。将来は大学の教師になろうと決めていた。尊敬する先生がフランス文学の研究者だったので、わたしもそうなりたいという単純な動機だった。そんなとき、渋谷だったと思うが大型書店の店頭に並ぶ「筑摩叢書」のなかに、『沙門空海』という本がふと目にとまった。その背表紙に書かれた「沙門空海」というタイトルに引かれて、その本を取り「はしがき」を読んだ。そこには次のような一節があった。

空海に関する研究は、進めればすすめるほど、不明なことが多くなってくるといった一種不可思議な現象を認めざるをえない。けっきょくのところ、空海の神格化、信仰伝説、口碑伝承は、そういうかたちで空海の宗教的人格の偉大さを物語っているのだといえるのかも知れない。しかし、それはそれとして、人間空海の姿を浮き彫りにする必要があることはいうまでもない。本書は後代の文献記録を退け、できる限り根本史料にもとづいて、空海の求めたものはなんであったのか、またその求めて歩んだ足跡はどうであったか、そういう問題を中心課題として、その当時の歴史的基盤と社会的背景とに思いをめぐらしながら、人間空海のすがたをなるべく客観的見地に立って描き出してみることに努めたつもりである。

そこに二度にわたって書かれている「人間空海」という言葉がわたしには奇妙に感じられた。「空海」と言えば足りるはずの人物に、なぜ「人間空海」というような、まるで「空海」という人物は今まで「人間」ではなかったような言い方をするのか。なんとも言えない印象をわたしはその言葉から受けた。

冒頭の「はしがき」を何度か読み返すうちにわかったことがある。その「空海」という人物が「弘法大師」とも呼ばれており、その「弘法大師」という名で「神格化され超人的な取り扱いを受けている」こともわかった。そして、その神格化された「弘法大師」という人物について、「蓮生観善師」という人物が『弘法大師伝』という書物を書いているのだが、それは「従来のすべての大師伝の内容」と同じである、とも書かれていた。

「人間空海」という奇妙な呼称は、そのような幾多の「弘法大師伝」に対する批判的立場を際立たせるためであるらしい。「蓮生観善師」という人物に関してわたしはまったく何も知らなかった。ただ文面から、その著書である『弘法大師伝』は旧来の「弘法大師伝」に類する最近の代表的著作であることだけは、文面から読みとれた。

そのとき以来、わたしの脳裏から「人間空海」という言葉が消えることはなかった。ずっと後になってだが、『沙門空海』という表題は空海自身が自分の呼び名として何度も使っていたものであることを知った。「沙門空海」とは、「人間空海」を指し示す正統的な、正しい、そして根拠ある名称であった。中世物語の主人公である「弘法大師」の虚像のかなたに隠されていた、「人間空海の姿を浮き彫りにする」ために、著者は空海自身の用いていた自称を、タイトルに選んだのだということは後になってわかった。

『沙門空海』のはしがきに書かれていた文章は、新しい空海研究の、つまり「人間空海」の研究の始りを告げる狼煙であった。『沙門空海』は渡辺照宏・宮坂宥勝両氏の共著であるが、新しい空海研究の狼煙を挙げられたのは宮坂宥勝先生である。わたしの小著『空海入門——弘仁のモダニスト』を献じたことが機縁となって以来、わたしは宮坂先生の暖かい励ましを受け、また『弘法大師墨蹟聚集』編纂委員会（代表幹事は等々力不動尊で有名な満願寺の前住職阿部龍文師）の末席にも連なり、『三十帖策子』の巻の編集解説を担当させて頂いた。今思えば身に余る仕事であったのだが、空海の真跡に触れ、特に在唐中の空海のサンスクリット学習の実態をいくらかは解明することができた。宮坂先生も空海の唐におけるサンスクリット学習の重要性を説かれていた。

『沙門空海』という一冊の本と偶然に出会い、宮坂宥勝先生にお会いしていなければ、わたしが空海研究の険しい道に歩み出すことはできなかっただろう。いつも穏やかに、しかし怯むことなく「人間空海」の話を静かに語り続けられた宮坂先生は、三年前の正月に遷化された。哀しみは深く、追慕の思いは今も消えない。

わたしは本書を構想したとき、それを宮坂宥勝先生への感謝のしるしとするつもりだった。その計画を立てていた矢先に、先生の訃報に接した。愕然としてわたしは何もできなくなった。しかし、本書を仕上げることが先生への御恩返しだと思い直して、編集担当の湯原さんに企画の概要を話したのが去年の三月のことだった。遅ればせながら、本書を恩師宮坂宥勝先生の墓前に献じたいと思う。

以上は個人的回想であるが、本書についてもう一つ「あとがき」に書いておきたいことがある。それは空海思想とベルクソン思想との、予想外の交感をわたしが感じているということだ。ベルクソンは二十世紀のフランスの哲学者である。かたや空海は九世紀の沙門である。どこに共通点があるというのか、といぶかしく思う人も少なくないだろう。しかし、二十世紀と九世紀は、わずかに千年ほどの隔たりでしかない。

現生人類ホモ・サピエンスが地球上に誕生してから三万年ほどの歴史を閲しているらしいのだが、その三万年も地球の歴史（四十五億年ほどだと言われている）のほんの一瞬に過ぎない。その一瞬に過ぎない三万年のなかにおいて見れば、千年という時間差は限りなくゼロに等しい。

「沙門」とはインドのシュラマナ（śramaṇa）の漢字音訳語であり、「努力する人」を意味している。つまり、インドでは仏教に限らず広く出家して遊行する修行者を指している。ある意味では、とは精神的に見ればということだが、広場で青年たちに語り続けた西洋哲学の元祖ソクラテスの自由の境地と同じ位置に、仏教の元祖シャーキヤ・ムニ（釈迦族の聖者）は位置している。そのシャーキヤ・ムニは北インドの各地を遊行してダルマを説き、同じ頃ギリシアではソクラテスが広場をうろつきながら青年たちにソフィアを説いていた。智を愛し、それを青空の下で伝える営みは、両者においてはほぼ同じと言ってよい。

空海もベルクソンも、智を求めて努力する自由の境地を共有している。その精神的自由の上に立ち、空海もベルクソンも問い続ける。わたしたちはどこから来て、どこに行くのか、と。生きるとはどういうことか、死とは何を意味しているのか、と。理論とか体系というものの拘束から身を引き離し、自らを生命世界のなかに位置付け、いのちの根源にあるものを、空海もベルクソンも探し続け、語り続けた。
「哲学」という難しい漢字で明治の初めに日本語に訳された語は、ギリシア語のフィロ・ソフィア（philo-sophia）に由来する。フィロとは愛することを、ソフィアとは智を意味している。この二つの語のどこを探しても、「学」という小難しいものの入り込む余地はない。ギリシアに始まるフィロ・ソフィアは、ソフィアへの、つまり智への、ひたむきな愛である。本書で論じた「菩提心」、ボーディ・チッタは、精神的目覚めをひたすらに求める心である。インドのボーディ（覚醒）は、ギリシアのソフィア（叡智）と、その目指すところは少しも変わらない。その点においても、空海とベルクソンはわたしの目には双子のように重なり合って見えている。二人とも、稀に見るほど真面目な、真剣な、片や叡智の、片や覚醒の探求者なのである。両者を向かい合わせ、対話させるのがわたしの演出家としての夢である。ベルクソンの翻訳者であり、空海の解説者としてのわたしの務めである。

わたしが本書を書き始めた頃、空海研究におけるわたしの先達であり、同時に恩師でもある武内孝善先生から、突然のように電話がかかってきた。去年の六月末のことだった。空海学会を立ちあげましょう、ということだった。空海学会という卵は、武内先生とわたしこと竹内が長い間温め続けていた夢であった。

定年退職が目前に迫る年(二〇〇六年)の十二月十七日に、わたしは同志を募って「町石道を歩こう会」を始めた。「町石道」(「ちょういしみち」と読む)とは、空海が高野開創のために、初めて高野に登った道筋を辿る、紀ノ川南岸から高野に至る片道二〇キロメートル余の登山道の名称である。以後、毎年十二月十七日に町石道を登ることを繰り返し、昨年で八回目を終えた。その年中行事を始めた二〇〇六年頃に、空海学会設立の計画も芽を吹いていた。その空海学会の夢は、昨年六月末の武内先生からの電話で一挙に実現へと動き出した。七月三十一日に七十名に近い同志が集まり設立総会を開催した。現在の会員数は百五十名を超えている。

この空海学会は、学問的空海研究を目指すものであるが、専門研究者の閉鎖的団体ではない。空海学会の設立趣旨に賛同する人なら誰でも広く参加できる。空海学会は、そういう意味で、空海に関する専門研究者と空海の真実に関心を持つ人の集う場所である。その趣旨は、先にも紹介した宮坂宥勝先生の『沙門空海』の目指していた目標、つまり「弘法大師」ではなく「人間空海の姿を浮き彫りにする」空海研究の実践の場であると、わたしは考えている。

そういうわけなので、本書の「あとがき」に、空海学会設立に当たって草した「空海学会設立のお知らせ」を、そのまま以下に引用しておきたい。

真実の空海が知りたい。これが、空海に対するわたしたちの素朴な、そしていつわらざる願いです。

それはなぜでしょうか。空海の伝記は数多く知られています。しかし、そこでは、信仰上の弘法大師と六十二年の生涯を生きた生身の空海とが混同されています。史料批判が十分になされないままに、空海が語られる状態が続いています。その結果、どこまでが史実であり、どこまでが信仰上の理想像であるかは、明らかにされていません。

空海の思想・教学についても同じです。今までは、空海の著作に対する先徳の方々の注釈書を読み、それを基準にして、空海の思想・教学が論じられてきました。その先徳の方々の注釈は言うまでもなく尊重すべきものですが、そこからは先徳の方々の視点を通しての空海しか見えてきません。直接に空海の思想、教学にふれることはできません。

わたしたちの立場は、空海研究のあるべき原点に立ち還り、まず空海の著作を読むことから始めようということです。そのような空海研究を志す者の集う場があってもよいのではないかとわたしたちは考えました。

それが空海学会設立の趣旨です。この趣旨に賛同していただける方々が、一年に一度集まり、空海について真剣に心ゆくまで、思いっきり論じ合い、語り合う場をともに創り出してゆきたいと願っています。

空海の真実を知りたいと努力しておられる方々はもちろんのこと、空海に少しでも関心を持ち、興味を感じておられる方々の積極的な参加をお待ち申し上げます。空海学会の活動を通じて、空海の真実のすがた、真実のこころを見出し、多くの方々に知っていただくために力を合わせたいと願っています。

皆様方の意欲的な参加を心よりお待ち申しあげます。

二〇一三年七月七日　発起人一同

本書でも論じているように、空海の学問的研究は空海没後間もない頃から始まっている。最初期には、宗派として真言宗に対立する天台宗の学問僧たち（その代表は安然である）によって遂行された。延喜二十一年（九二一）、「弘法大師」諡号《しごう》の下賜を境に、真言宗は東寺を中心とするようになる。以後、平安時代を通じて真言宗と天台宗が競合するなかで、『御遺告』のような偽文書の制作も含みつつ、空海ならぬ「弘法大師」の創造として継続され、済暹の著作によって一種の定説とでも言うべきものが確定される。平安時代後期には皇族・公家たちの高野参拝が流行し、それとともに「奥の院」信仰が盛んになった。絵巻物語を通じて「弘法大師」物語は中世から近世を通じて、さまざまな潤色を加えながら広く流布されて現在に至っている。

中世的「弘法大師」物語は、元禄期の悉曇《しったん》学僧浄厳《じょうごん》（一六三九―一七〇二）や幕末の学問僧慈雲《じうん》（一七一八―一八〇四）によって修正される契機を得たものの、明治初めの神仏分離の荒波の中でそれらの新機運も雲散霧消した。その余波であっただろうか、一九六七年の『沙門空海』出版まで、空海研究は中世的「弘法大師」物語の強固な枠から踏み出ることはなかった。空海研究はまだ始まったばかりなのである。

参考文献（主要なものだけを記す、刊行年は省略する）

1 SAT大正新脩大藏經テキストデータベース（東京大学）

2『定本弘法大師全集』（全十巻）（高野山大学密教文化研究所）

3 諸橋轍次『大漢和辭典』（全十二巻＋索引）（大修館書店）

4 中村元『広説佛教語大辞典』（全三巻＋索引）（東京書籍）

5 密教辞典編纂会『密教大辭典』（縮刷版）（法藏館）

6 Monier Monier-Williams, *Sanscrit-English Dictionary* (New Edition), Oxford, The Clarendon Press, England.

7 T.W.Rhys Davids, William Stede, *Pali-English Dictionary*, Motilal Banarsidass Publishers, Delhi, India.

8『弘法大師墨蹟聚集――書の曼荼羅世界』（全二十二帖）（弘法大師墨蹟聚集刊行会）（特に四・五・六・七帖『三十帖策子』）

9『岩波哲学・思想事典』（岩波書店）

10 新訂増補『国史大系　日本後紀』（吉川弘文館）

11 新訂増補『国史大系　續日本後紀』（吉川弘文館）

12 新訂増補『国史大系　類聚三代格（前篇）』（吉川弘文館）

13 新訂増補『国史大系　類聚三代格（後篇）・弘仁格抄』（吉川弘文館）

14 藤堂明保『学研漢和大字典』（学習研究社）

ちくま新書
1081

空海《くうかい》の思《し》想《そう》

二〇一四年七月一〇日　第一刷発行

著者　竹内信夫（たけうち・のぶお）
発行者　熊沢敏之
発行所　株式会社 筑摩書房
東京都台東区蔵前二-五-三　郵便番号一一一-八七五五
振替〇〇一六〇-八-四一二三
装幀者　間村俊一
印刷・製本　株式会社 精興社

乱丁・落丁本の場合は、左記宛にご送付下さい。
送料小社負担でお取り替えいたします。
ご注文・お問い合わせも左記へお願いいたします。
〒三三一-八五〇七　さいたま市北区櫛引町二-六〇四
筑摩書房サービスセンター　電話〇四八-六五一-〇〇五三

ISBN978-4-480-06785-2 C0215